JN081603

# 経営学を楽しく学ぶ Ver.4

齊藤毅憲［編著］
SAITO Takenori

中央経済社

# 読者の皆様へ—Ver. 4 に寄せて

本書を改訂することにしました。Ver. 3 刊行（2012年）以後の企業経営と環境の変化が激しく，それに対応しています。世界的には「プラットフォーマー」といわれる巨大ＩＴ企業が強力となり，中国が経済大国となる，などのなかで，相対的に日本企業のポジションは低下しています。また，国内的にみると，少子高齢化による人口減少，大都市圏の肥大化と地方の衰退，格差社会化などが進んでいます。さらに，企業レベルでは企業統治（コーポレート・ガバナンス）の不備，低いイノベーション（革新）への意欲，非正規労働の増加と改善されない人事，減少しないハラスメントなどの，チャレンジングな課題をかかえています。

本書は Ver. 3 で構成や体系を大幅に変えるとともに，共同執筆者も新たな陣容に切りかえています。Ver. 4 は基本的に Ver. 3 と同じものであり，主な変更は第１章の 5 を「国際経済の発展と企業」から「ＩＴ化とグローバル化の進展のなかで」にしたことです。

他は小さな手直しはあっても，Ver. 3 の構成や体系は維持されています。大きく変わったのは，前述の第１章の 5 のほかに，One Point Lesson（コラム）と１頁教室であり，冒頭で述べた企業経営と環境の変化はこれらにとり入れています。そこで，コラムと１頁教室の多くは，新たなものに変えています。本文だけでなく，これらのコラムなどを通じて経営学の考え方や理論（知識）を学習してほしいと思っています。

さて，本書が生まれてから，30年がたちました。平成の30年を生き抜いたことについては，読者の皆様に感謝したいと思っています。変化のはげしい時代の経営をとらえることはむずかしいのですが，その努力を今後もつづけたいと考えています。そして，Ver. 4 も多くの読者の学習に役立つことを願っています。

本書のタイトルとも関連しますが，私は『楽問元気』(楽しく学んで心身とも元気になろう！）をモットーにしてきました。そして，近年は「生き学」経営学を主張しています。One Point Lesson（26頁）で「経営」という仕事を自分が近い将来行うと思って学習することの大切さを明らかにしています。この意識が低いと，経営学の学習はヒトゴト（他人事）になってしまいますので，経営を自分の問題（ワガコト）とすべきと述べています。これが「ワガコト主義」であり，この立場に立って経営学を学習するならば，経営学はより楽しくなるだけでなく，変化のはげしい21世紀を生き抜くことができると考えています。

Ver.4についても，中央経済社学術書編集部の酒井隆さんと市田由紀子さんにお世話になりました。おふたりのご支援があってはじめて，完成できたと思っています。心からの感謝を申しあげたいと思う次第です。

令和２（2020）年２月

齊藤　毅憲

# 読者へのメッセージ—Ver. 3 に寄せて

本書は，経営学の初学者のためのものであり，大学学部（短期大学を含む）の１，２年生，ビジネス系の専門学校生，就職間もない新入社員の皆さんが，経営学の学習をスムーズに行えることをねらいとしています。また，大学で経営学を学習しようと思っている高校生への進学・学習支援も意識しています。

そこで，「経営学の基本」ともいうべきものをできるだけわかりやすく解説することを心がけました。学習を通じて，読者の皆さんが経営学に興味をもつことができ，経営学の学習が楽しいものになるよう願っています。

さて，「経営学の基本」とはどのようなものになるのでしょうか。本書では，企業とはどのような機能を果たしているのか，経営とはどのようなもので，企業にどのように関係しているのか，現代の企業経営とはどのようなものか，という３つのテーマになると考えています。別の言葉でいうと，それは，①企業の機能や役割，②経営の意味と重要性，③現代の企業経営の考え方，などを本書が取り上げることを示しています。

そこで，本書の主な構成をみていきましょう。もっとも，本書は1990年に初版が出版され，2002年にNew Versionとなり，このたび，Ver. 3（Version 3）となっていますので，構成の変化も意識しながら，説明していくことにします。これまでの版と同じように，Ⅲ部構成になっていますが，第Ⅲ部については大幅に変更しました。旧版では，職能別管理といわれた情報の管理，研究開発の管理，生産管理，マーケティング，財務管理，人間の管理の６章からなっていましたが，今回は，経営戦略，組織の編成，企業環境，経営資源という現代の企業経営にとって不可欠となる考え方を取り入れました。サブタイトルに示したように，「企業を動かし，変える」ことが経営に求められていますので，この点を重視しました。これまでの職能別管理については，それぞれの分野の文献で学習してほしいと思っています。

第Ⅰ部の「企業とは何だろうか―企業，経営，そして経営学―」については，章の位置づけが変わったところがあるほか，大きな変化として，第３章の「行政，NPO との関係をみる」があげられます。経営学の研究対象は，これまでは企業を中心としてきたのですが，行政や NPO も研究すべきとの考えから，こうした章を入れてみました。NPO や社会起業家の活動が現在注目されており，Ver. 3 のふたつ目の特徴となっています。なお，第２章の終わりには，「２世紀目に入った経営学」を取り入れて，経営学が新世紀を迎えたことを述べています。

そして，第Ⅱ部の「企業の骨格がわかる―企業の構造―」は New Version までの「環境が変わる・経営が変わる」から変更されています。企業環境と経営資源もこの第Ⅱ部で取り扱っていましたが，これは第Ⅲ部に移っています。Ver. 3 での大きな変化は第８章に「企業間関係を学ぶ」を新たに追加するとともに，New Version の第４章にあった起業の問題を第７章に配置し，若干資料などを補足しています。また，第６章の「企業の仕組みを学ぶ」においては，コーポレート・ガバナンス（企業統治）の問題を説明しています。なお，これに関連して，第１章では CSR（企業の社会的責任）の観点を重視しています。

初版が出版されてから，すでに22年が経過していますが，本書は，この間の企業経営の変化と経営学の発展を意識しながら，その内容を変更しています。

2011年３月11日に発生した東日本大震災は，経営学に対しても大きなショックを与えています。それをどのようにとらえていけばよいのかについては，まだ確たるものをもちえていませんが，本文だけでなく，One Point Lesson，Let's Try などでも，この大震災への対応を取り入れています。

本書にはこれまでと同じように，重要な用語などについては Key Word，学習用の問題として Let's Try（各章４問），学習用のヒントとなる One Point Lesson（コラム），さらに１頁教室を収録して，経営学への理解と学習に楽しく誘うための工夫をしています。

ところで，本書は経営学の初学者向けのものとしてまとめましたので，脚注などは付けていません。しかしながら，多くの先行的な文献などを頼りにしていることを述べておかなければなりません。また，編著者を除く執筆者は，優秀な中堅の研究者であり，本書の完成に協力していただきました。さらに，出版にあたっては，㈱中央経済社経営編集部の酒井隆さん，市田由紀子さんにご尽力いただいており，心から謝意を申し上げます。

終わりになりますが，Ver.3が今後も多くの初学者の学習を支援できることを祈念しています。学習，がんばってください！　そして私のモットーである「楽問元気（楽しく学んで心身ともに元気）」になってください！

2012年2月

執筆者を代表して
齊藤　毅憲

# 第Ⅰ部……企業とは何だろうか

――企業，経営，そして経営学――

# 第Ⅱ部……企業の骨格がわかる
——企業の構造——

# 第Ⅲ部……企業を動かす，変える

——経営の機能——

【One Point Lesson】

【１頁教室】

# 第 I 部

## 企業とは何だろうか
### ―企業，経営，そして経営学―

# 第1章　企業の役割を考えよう

本章では，企業がわたしたちの生活にどのようにかかわっているのか，企業はどのような役割を果たしているのか，そして企業がその活動をどのように発展させようとしているのか，を明らかにしよう。
企業は基本的にわたしたち生活者の日常生活を便利にし，豊かにするシステムであることを確認したい。もっとも，企業活動のもたらしているマイナス面にも目をむけなければならない。

## 1　わたしたちと企業の接点

消費者の立場　　わたしたちが企業とのつながりを意識するのは，生活者とくに消費者として企業のつくりだす製品やサービスを購入したり，消費したりするときである。いちいち，どこの企業がつくった商品であるかを確認せずに購入することも多いが，他方で製造した企業やブランドを意識して購入することも日常生活のなかではみうけられる。

企業は自社の製品やサービスを消費者としてのわたしたちにアピール（訴求）して，購入してもらう努力を行っている。そこで，各種の広告媒体やインターネットなどを活用して消費者に接近している。それゆえ，企業は製品やサービスだけでなく，広告活動などによっても消費者とつながりをもとうとしている。

労働力の提供　　企業に雇用されるとか，企業をつくって，そこで働くとすれば，わたしたちは生産者として労働力の提供を行っていることになる。働く場がオフィス，工場，店舗，ホーム・オフィス（自宅）あるいは顧客との接触など企業外部であるとしても，労働力を提供していることに変わりがない。要するに，企業の行う活動に貢献することで，企業を支えているのである。そして，この貢献に対して企業は報酬を支払っている。

企業が支払う報酬のうち，経済的なもの（賃金，ボーナスなどの金銭）は，企業のつくりだす製品やサービスを購入するための原資になり，豊かな生活の基盤になっている。それゆえ，企業は生活の“糧”を得るための場でもある。また，職場の人間関係がよく，仕事に働きがいを感じることができれば，企業は心の豊かさをも与えることになる。

地域社会のなかでの企業　　規模の大小にかかわらず，企業は地域社会と密接に結びついている。企業がある地域に工場を建設し，製品を製造するとすれば，その地域の環境とマッチした工場にしたり，生活者である地域住民に迷惑をかけるような行為はつつしまなければならない。また，その地域に住む人びとを雇用し，地域社会の発展と繁栄に貢献しなければならない。

そして，小売業・サービス業の企業や中小企業は，立地している地域の住民の信用と支持を得るような経営を行うことが大切である。そして，信用と支持を得ることができれば，企業は自社の製品やサービスを消費者に購入してもらえることになる。

「生活のサポーター」としての企業　　企業が提供する製品やサービスによって，消費者が豊かで便利な日常生活が送れていることを十分に認識しなければならない。企業は「生活のサポーター」であり，衣，食，住，余暇，生活基盤（ジャーナリズム，交通，電気，ガス，水道，金融，健康・福祉・安全など）といった生活の基本分野が今日では企業の活動により支えられている。

人類は，長い歴史のなかで衣，食，住などの生活の基本分野を自分でまかなうという自給自足の考え方によってきた。そして，自給できないものについては，他者との交換や市場での購入で補ってきたが，企業というシステムが発達した今日では，それらの基本分野は企業のつくりだす製品やサービスによって満たされるようになっている。自給自足であれば多大の犠牲や労力を払わなければならなかったが，企業は良質なだけでなく，安価な商品づくりに努力しているために，生活者としてのわたしたちは多くのメリットを得ている。

快適さの代償　　企業によって日常生活の快適さを享受しているが，反面でいろいろな問題も発生してきた。その主要なものに環境問題や社会問題がある。自動車メーカーは「環境対応車」や「電気自動車」づくりに努力してきたが，排気ガスによる空気の汚染，交通事故死，都市における交通混雑などをひき起こしてきた。また，空缶やペットボトルなどの放置は，タバコの“ポイ捨て”と同じように町の美観を損なっている。豊かさと便利さを得たものの，わたしたちは，はたしてなにを失ってきたのであろうか。

## 2　生産的かつ創造的なシステムとしての企業

生産的なシステム　　自給自足は，自分たちが必要なものをみずからの力で獲得し，他人の援助を得ないで自力で充足させるものである。しかし，自力で充足させるためには，多大の犠牲や労力が必要なのである。

これに対して，企業というシステムは，このような犠牲や労力を必要とせずに，良質で安価な製品やサービスを提供することに成功してきた。要するに，企業は製品やサービスをきわめて能率的に生産するためのシステムなのである。

企業は，製品やサービスを能率的につくりだすために，必要となる経営資源（資本，機械設備，原材料，情報，人的資源など）を合理的に組みあわせるシステムであり，自給自足を行っている個人とは比較にならないほどの生産性を発揮している。なお，経営資源については第12章を参照されたい。

また，企業はきわめて多数の消費者がもとめる同じ製品やサービスを大量につくりだすことができるだけでなく，比較的多くの製品やサービスをもつくりだすことができるシステムでもある。

多様なニーズへの対応と創造的なシステム　　既存の製品やサービスを製造し，生活者のニーズを満たしているが，同時に生活者の変化する多様なニーズに対応すべく，研究開発（リサーチ・アンド・ディベロップメント，Ｒ＆Ｄ）

を重視して，新しい製品やサービスを提供しようとしている。別のいい方をするならば，現代の企業は消費者であるわたしたちのニーズに対応するための創造的なシステムでもある。既存の製品やサービスが売れているからといって，それにこだわっているわけにはいかないのである。他社は新しい商品を売り出そうとしており，同業者間の競争も厳しい。

そして，消費者のニーズに対応しうる製品やサービスを提供し，実際に消費者によって購入されるようになるならば，企業には購入の報酬または代価として売上高などがもたらされる。逆にいえば，ニーズに対応できないならば，企業は報酬を得ることができず，それが少ない場合には生き残ることをむずかしくする。

企業中心主義の行きすぎとＣＳＲの重視　　企業はきわめて生産的なシステムであり，その行きすぎがみられる場合がある。企業を生産的なシステムにしていくことはきわめて重要であるが，それが徹底しすぎるために，企業中心的な考え方が生まれてしまい，企業は生産的になったものの，働くための条件が改善されなかったり，地域住民の生活環境が破壊されてしまうかもしれない。これは生活者にとってはマイナスの作用となる。

このような企業の自己中心的な考え方のもたらす弊害はできるだけ発生しないようにしなければならない。要するに，ＣＳＲ(Corporate Social Responsibility, 企業の社会的責任)，“企業と地球環境”といった視点が重要であり，人間のための企業，社会や環境と共生する企業であることを十分に認識する必要がある。

## 3　ビジネス化の進展

ビジネス化の拡がり　　企業やその活動は，ビジネスといわれている。そこで，ビジネス化は企業化や事業化ということになる。現代は，まさにビジネス化の時代なのである。

企業は，すでに述べた衣，食，住，余暇，生活基盤といった生活の基本分野における製品やサービスを取り扱っており，ビジネス化はそれらの分野に深く入りこんでいる。20世紀前半期までの，ものの生産額が少なく，製品の種類も多くない時代の企業は，消費者に対して比較的有利な立場にあり，“売ってやる”といった意識をもっていたかもしれない。そして，このような企業は消費者の生活にとって最低限必要であるとか，基本的に必要であると思われるニーズを満足させるものにすぎなかった。

しかしながら，20世紀の後半期に入り，このようなニーズが満たされるようになると，消費者のニーズはそれを越えていろいろなものに多様化する。当然，生活のベースをつくる基本的なニーズからより高質の内容のニーズ（付加価値の高いもの，多機能のもの）をもとめるようになる。当然のことながら，企業は創造的なシステムとして，そのようなニーズに対応する活動を展開する。かくして，ビジネス化は大きな拡がりと深さをみせることになる。

サービス産業の発展　　製造業の企業は，消費者の多様かつ高度化したニーズにも対応できる体制をつくりあげてきた。その結果として，日常生活に必要な「もの」の充足は実現し，生活者は物質的に豊かになっている。

このような状況のなかでは，「もの」への志向性は基本的にあるものの，「もの離れ」の現象も生じており，これに代わって質の高いサービスや経験価値（第12章の ***Key Word*** も参照）を購入しようとする動きが顕著となっている。そして，このような動きをビジネスを行うための「種子」（シーズ）と考えるサービス産業が誕生し，発展してきた。

サービスのビジネス化は，きわめて広い範囲で進行している。「サービス経済化」とか，「経済のソフト化」などといったいい方が，このような傾向の一面を示している。リース，人材派遣，経営代行，コンサルティング，情報サービスなどの，企業向けのサービス業がある一方で，生活者を対象としたサービス業は，娯楽，旅行，レクリエーション，健康・医療・介護，法律相談，教育・カルチャー，警備，家事代行などと，生活の広い分野に及んでおり，豊かな生活を支えている。要するに，日常生活において不満や心配があるとすれば，そこにサービスをビジネスにする「ニーズ」がある。

ビジネス化につきまとう不安　　企業が新たに開発した製品だけでなく，

種々のサービスを提供することによって，わたしたちの生活は豊かになり，また快適になっている。しかしながら，反面でビジネス化の進展には，不安がつきまとっているように思われる。つまり，ビジネス化は生活者にプラスの作用を確実にもたらすが，他方で予期できなかったマイナスの作用を発生させるかもしれない。

そのひとつは，行政の役割が低下するのではないかという不安である。福祉といった分野（たとえば，介護・援護や子育ての支援）を企業がビジネス・チャンスと考え，参入しているが，福祉は本来的には行政の仕事であった。企業に対して福祉の役割を肩代わりさせることは，はたして妥当なのであろうか。また，民間の活力（民活）の利用とか，第3セクター方式（行政と企業の共同事業）の採用は，行政がその問題の解決にあたって企業に依存することを示しているが，これも行政の役割が低下してきたことを意味している。

人間の主体性の喪失　　もうひとつの不安は，企業によるサービスの質や量が向上するようになると，これを購入する消費者はその便益をうけるが，反面

**• *One Point Lesson***

## 経営学はだれのための学問か

現代の企業とその経営を理解することが経営学の主たる目的です。しかも，現代の企業がわたしたちの生活を支え，深く関与しているという観点に立つとすれば，企業を理解することは現代を生きる人びとにとってきわめて重要です。多くの人びとは部下（フォロワー）として働いています。その意味では経営学は現代を生きるすべての人に不可欠です。

しかしながら，現代の企業を動かしていく人びとも他方で必要です。このような人びとは，企業をしっかり活動させ，いい企業にしていく実践的な知識や技術をもたなければなりません。その意味では経営学には「マネジャー（経営者や管理者）のための学問」としての性格も当然あります。そして，経営（マネジメント，アドミニストレーション）には，いい企業づくりに示されるような「つくる」とか，「つくりなおす」という実践的な考え方が根底にあります。

で人間として本来的に有している能力を喪失したり，自己の主体性や責任を感じなくなってしまうおそれがでてくる。要するに，かつては生活者であるわたしたちが自力で自分の責任で行っていたことや，周囲の人びとと協力して行っていたことを企業にゆだね，自分の快適さや便利さだけを考えてしまっているのかもしれない。

家事代行サービス業の発展によって，女性の社会参加が可能になるだけでなく，男性はこれまでどおり子育てや家事の分担を行わないですむであろう。しかし，それは生活者の主体性や責任，あるいは幸福の増進にはたして貢献しうるのであろうか。

## 4　企業によるライフスタイルの革新

「ファッション」をつくる企業　　企業は，その製品やサービスによってファッションをつくることができる。ファッションとは，流行（の服装）とか，型（スタイル）と訳され，流行している生活の様式を意味している。しかし，このような流行の生活の様式が習慣化され，生活者がこれをうけいれるようになると，一定のライフスタイル（生活の型）ができあがるのである。

企業はファッションをつくり，それを通じてあるライフスタイルを生みだしている。そして，また別のファッションをつくり，既存のライフスタイルを後方に追いやることになる。このように，企業はライフスタイルの革新にかかわっているのである。

若い女性たちの間に“朝シャン”（通学，通勤前の朝に洗髪を行う）という言葉が流行したことがあったが，これをつくりだしたのは化粧品や洗剤などの企業であった。そして，ハンバーガー・チェーンやファミリー・レストランは，食生活に関する領域でのライフスタイルを変えてきた。また，固定電話の時代は去り，進化してきたスマホやインターネットは，企業経営だけでなく，われわれの日々の生活を一新させてきた。

仕事のしかたの変更　　企業の提供する製品やサービスは，消費者としてのわたしたちだけでなく（Business to Consumer，B to Cという），企業も購入者になっている（Business to Business，B to Bという）。ある会社がオフィスの合理化や外部情報を収集するために，ＩＴ（情報技術）企業から新しい情報システムをとり入れたとすれば，これまでの仕事のしかたは変わるし，新しいシステムにあった組織をつくらなければならない。そこで，企業内の仕事についても新しいスタイルが生みだされる。

かつてオフィスを支配していた算盤やタイプライターは，電卓やワープロからパソコン，インターネットなどへの発達によって，姿を消し，オフィスで働く人たちの仕事のしかたが変わってきた。そして，これと同じような事態が生産や営業の現場でも発生している。

新しいスタイルのインパクト　企業がファッションをつくり，消費者や企業で働く人びとのライフやワーク（仕事）のスタイルを変えるようになると，それらの人たちの意識や考え方にも影響が発生し，変化がもたらされる。

ハンバーガー・チェーンやファミリー・レストランで外食をするというライフスタイルは，食事をつくったり，家で食事をするのだという考え方を変えてきた。そして，職場における仕事のしかたの変化も同じようであり，かつてとちがって現場で働く若い人びとにも主体的な問題解決能力や提案能力（プレゼン能力を含む）をもとめるようになっている。

雇われ慣れすぎの日本人と起業家精神の再生　第２次世界大戦後の経済発展にともなう企業の成長のなか，日本人の心のなかには企業に雇われて働くものだという考え方が支配してきた。その結果，起業家精神は減退してしまった

***• One Point Lesson***

**農業は将来性のある産業！**

農業は衰退した産業であり，やりがいのない仕事のように見られていますが，はたしてそうでしょうか。スマート農業，農業生産法人と６次産業化，農産品の輸出など，収益があがる農業への新しいイノベーションが進行しており，将来性が確実にあります。

のである。現在は起業家精神を再生し，企業に雇われるだけでなく，みずから起業し，経営するという考え方(第７章を参照)を大切にしなければならない。

既存の大企業や中小企業も起業家を生み出す主な苗床であるが，日本の社会は起業家を育成するという文化を大切にする必要がある。21世紀の日本を持続可能な社会にするためには，それが確実にもとめられている。そして，とくに東日本大震災などで被害のあった地域などは復興のために，既存企業の支援を行うだけでなく，「復興起業家」の台頭を支援すべきである。

## 5　ＩＴ化とグローバル化の進展のなかで

ＧＡＦＡなどの巨大ＩＴ企業の台頭　21世紀に入って急速に重視されているのが，情報とかデータという経営資源である。このような情報やＩＴ（情報技術）が企業だけでなく，社会全体に及ぼす影響が大きくなったために，デジタル化や情報資本主義（データ・エコノミー）が進展している。そして，企業との関係でいうと，それは，ビジネス・モデルつまり経営のやり方を変革してきた（第12章も参照）。

その代表となるのは，ＧＡＦＡ（ガーファといい，グーグル，アップル，フェイスブック，アマゾンの４社の頭文字）などのアメリカ企業や，アリババ，テンセント，ファーウェイなどの中国企業である。これらのＩＴ企業は巨大化・多国籍化し，ＧＡＦＡは検索，通販，会員制交流サイト（ＳＮＳ，ソーシャル・ネットワーク・サービス），決済，スマホの基本ソフトなどのインターネットサービスの「基盤」(プラットフォーム）を提供しているために，「プラットフォーマー」ともいわれ，他の業種の経営にも影響を及ぼしている。

変革される経営　そこで，現代の企業経営は大きな変革のなかにある。たとえば，３Ｄ（３次元）プリンターなどの技術とデータさえ保有していれば，利用者が使いたいと思う製品を開発・設計し，さらに製造することができるようになっている。またネット販売が一般化し，電子決済が普及しており，売りとか買いのデータが一瞬のうちに収集できるようになっている。さらに，生産の現場では膨大なビッグデータが収集できるので，人工知能（ＡＩ，artificial intelligence）を使って分析すれば，製造工程で発生するロスや不具合を減らせるようになり，製品の品質が維持・向上している。日本企業の強みであった生産現場の優秀さや技術者の熟練も，これらにおきかわっていくであろう。

ＩｏＴの時代の到来と新しいリスク　　モノごとに関するあらゆる情報がインターネットにつながるというＩｏＴ（internet of things）の時代が到来し，サプライ・チェーン（製品の供給体制）の構成要素となる製品の開発，設計，製造，販売，物流などは，それぞれが別個のものではなく，一体化してくるので，メーカーといっても製造だけを行っていればよいということがなくなり，サプライ・チェーンの他の構成要素にも関与しなければならなくなっている。つまり，ＩｏＴによって業種間にあった垣根が低くなっている。

大規模な企業であっても，このようなＩｏＴの現実を理解して，対応をとらないとすれば，前に述べた「プラットフォーマー」がビッグデータを収集・蓄積しているので，その支配におかれるというリスクを負うことになる。巨大化したＩＴ企業の力が大きくなることで，他の企業や消費者が被害をうけるケースも見られ，そのような企業の規制も必要となっている。

自国中心主義への危惧　　現代はグローバル化（グローバリゼーション）でも特徴づけられている。企業の活動は，グローバルに展開されており，世界各国の関係はかつてないほど密接なものとなり，相互の依存関係は深まっている。そして，このような関係は深まることはあっても，薄まることはない。

もっとも，自国の利益や立場を保護するような主張も見られている。“自国ファースト（第一）”のいわゆるナショナリズム的な考えは，アメリカのトランプ大統領などに典型的にみられるように，自国民の多くの人気を博すポピュリズム（大衆迎合主義）にも支えられて多くの国ぐにで台頭している。

一国の政治的リーダーが自国の利益や立場を守ろうとするのは当然のことであるが，密接な相互依存関係というグローバル化のメリットとの関係にも十分に配慮する必要がある。たとえば，発展する中国経済へのきびしい制裁措置がアメリカや関連他国の企業や生活者を利するものとは考えられない。

## Key Word

**経営学**：英語では“Business Management（or Administration）”，ドイツ語では“Betriebswirtschaftslehre”といわれ，大体19世紀の末から20世紀初頭に成立している。日本の経営学は大正末期から昭和初期（1920年代から30年代にかけての時期）に誕生し，主にこのふたつの国の影響をうけて発展してきた。

**企業の関連用語**：英語では“business”，“enterprise”，“firm”，ドイツ語では“Unternehmung”が企業を示すものであるが，関連する用語として事業，会社，実業などがある。ドイツでは経営（Betrieb）などもある。経営学の対象がなにであるかという議論が，関連用語に関係している。

## Let's Try

**問題1**

あなたは企業の活動をどのようなときに感じますか。なにか具体的な例で考えてみて下さい。

**問題2**

ビジネス化の進展につき，各自具体的な事例などをあげて調べてみて下さい。

**問題3**

企業活動にまつわるマイナス面（プラゴミの生態系への影響，地球環境の破壊など）について，どのようなことを心配していますか。

**問題4**

台頭している自国中心主義の功罪をまとめて下さい。

**問題5**

サービス産業のなかで，あなたが関心のあるものはなんであるか，まとめて下さい。

1頁教室

## 新しい経営づくりにはＳＤＧｓの視点を！

2015年に国連は，ＳＤＧｓ(Sustainable Development Goals,持続可能な開発目標）を採択しています。これは，2015年から2030年までの世界を変えていくための国際社会における長期の開発目標であり，各国の政府だけでなく，社会をつくりあげているそれぞれの組織・団体さらには個人にももとめられていて，それぞれの立場で考え，実践することが期待されています。そこで，企業にもＳＤＧｓを自社の経営づくりに役立てていくことが大切で，以下の17の目標項目のうち，どの項目が実践できるかを考え，世界をいい方向に変えていくことがもとめられています。

①　貧困をなくそう
②　飢餓をゼロに
③　すべての人に健康と福祉を
④　質の高い教育をみんなに
⑤　ジェンダー平等を実現しよう
⑥　安全な水とトイレを世界中に
⑦　エネルギーをみんなに　そしてクリーンに
⑧　働きがいも経済成長も
⑨　産業と技術革新の基盤をつくろう
⑩　人や国の不平等をなくそう
⑪　住み続けられるまちづくりを
⑫　つくる責任　つかう責任
⑬　気候変動に具体的な対策を
⑭　海の豊かさを守ろう
⑮　陸の豊かさも守ろう
⑯　平和と公正をすべての人に
⑰　パートナーシップで目標を達成しよう

現在のあなた個人の立場で，ＳＤＧｓのなかでなにか具体的で実施できそうとか，実施したいと思う目標項目はありますか。具体的に考えてみましょう。

# 第2章　企業がイメージできる

企業をどのように理解できるかについて，多様な観点や考え方があることを示したい。あわせて企業とはどのようなものであるかを明らかにしている。これらをふまえて，企業を研究対象とする経営学がどのような性格をもっているかを議論したい。

## 1　企業のイメージ

多様な見方の存在　　企業に対するイメージは，歴史のなかでみるならば多様にゆれ動いてきた。つまり，いろいろな見方が存在してきたのである。

長い歴史のなかでみると，企業の活動や，その活動に従事する仕事・職業は，社会的に尊敬を得ることはなかったように思われる。よく知られているように，シェイクスピアの作品『ヴェニスの商人』では，私利私欲の権化としてのビジネスパーソンは軽べつやさげすみの目でみられていた。

また，マルクスの『資本論』においては資本主義のもとでの企業は労働者を搾取するための組織として分析され，究極的には廃絶されるべきものとしてイメージされていた。そして，人間の平等，労働者の解放には新しい経済システムの創造がもとめられたのである。もっとも，旧ソ連邦や東欧諸国の解体によって，理想とされた社会主義のほうが衰退してしまったのである。

“泥棒貴族”（Robber Baron）とは，巨額の富を蓄積した19世紀後半のアメリカの大富豪に対して与えられた悪いイメージの名称である。企業の中心的な担い手である経営者は，まさに“資本家”として，社会の富を自分の手のなかに収めたということで，批判の対象となった。しかし，巨額の富を得ることができたので，企業は大きく発展し，それを通じて第1章で述べた「生産的なシステム」の構築につながってきたのである。

**イメージの転換：経営（マネジメント）の科学化と専門職業化**　企業をいかに否定的にみようとも，企業の活動はわたしたちの生活に深くかかわるようになってきた。それだけでなく社会的な不公正の源となった巨額の富を手にした企業は，それによって成長・発展する。しかも，それは企業経営を複雑かつむずかしいものにした。

このような状況のもとで，20世紀になると，企業の経営を科学的な対象にしていこうという動きが生じてくる。日常生活への企業の貢献，企業の拡大と経営問題の複雑化・困難化は，経営学を誕生させることになる。それだけでなく，経営学の知識を身につけた人間（経営の専門家）を育成し，経営という仕事を「専門的な職業（プロフェッション，いわゆるプロ）」にしていこうという考え方が強まってくる。

アメリカやドイツでまずこのような動きが生じ，しばらくして日本にもこの動きが生まれる。第2次世界大戦後になると，企業の活動を中心にして経済の発展を試みようとしている国ぐににおいては，経営学をつくるとともに，これを教授するための高等教育機関が設立されてきた。さらに，21世紀に入り，韓国，中国，ブラジル，ロシア，インドなどで経済や企業が大きく成長し，このような国ぐににおいても経営学へのニーズは高まっている。

このようななかで，長い間にわたって企業に対していだかれてきた否定的なイメージをぬぐい去られるようになり，イメージの転換がはかられてきた。もっとも，現在でもスキャンダル（不祥事）が発生しており，企業のこれまでの悪いイメージがすべて変わったわけではない。

**企業の目標ははたして利益なのか**　「企業の目標は利益である」というイメージがある。企業がなにをもとめて活動を行っているのか，という企業の目標については，経済学の強い影響もあって利益であるという見解が支配してきた。しかしながら，はたして利益は本当に企業の目標なのであろうか。

経営学においても利益については多くの議論が行われてきた。それらの議論のなかから，いくつかの要点が明らかになっている。そのひとつに，利益が当然のことながら企業の目標になるというものがある。しかし，利益もそのひとつであり，売上高，生産性（能率），マーケット・シェア（市場占有率）などといった他の経済的な目標も，企業は達成しようとしているという。これによると，企業は利益という「単一の目標」ではなく，他の複数の目標をも有していることになる。

また，利益の追求とか獲得といっても抽象的であり，企業の経営では具体的になにを指しているのかという疑問が生じている。たとえば，利益の絶対額を大きくするのが目標なのであろうか，それとも投資した資本に対する利益の比率（自己資本利益率（Return on Equity)，ＲＯＥ）を大きくするのが目標なのであろうか。

利益の絶対額が多いほうが常識的にいえば目標になると考えられる。しかし，絶対額といっても他方で投資額も多いとすれば，ただちに絶対額を目標としてよいことにはならない。同じ金額の利益であれば，投資額の少ないほうが望ましいのである。

さらに，利益といっても損益計算書をみるとわかるように，経常利益でとらえるのか，純利益で考えるのか，でも異なってくる。売上高から製造や販売などのためのコストを差し引いた営業利益と，この営業利益から営業外損益を差し引いた経常利益とでは企業によってはかなりの違いがでてくる。さらに，経常利益にかなりの額を計上していても特別損益によって純利益がほとんどなかったり，逆にきわめて多額になることがおこりうる。要するに，利益といっても測定のレベルには，いろいろなものがある。

以上は，利益が企業の目標になるとした場合の論点の一部であるが，他方で利益は企業が製品やサービスを消費者に購入してもらった報酬（リターン）であるという議論がある。第１章でも基本的にこのような考え方で説明しており，利益は企業がもとめて活動するものではなく，むしろその活動の成果であり，報酬であるとしている。

もっとも，「報酬としての利益」という議論は，「目標としての利益」という考え方と矛盾しないことであろう。ある企業が利益の獲得を目指して活動を展開したとしても，その製品やサービスが消費者にうけいれられないとすれば，利益の獲得は困難になる。別の表現をするならば，消費者が購入するならば，利益がもたらされ，目標は実現されることになる。

成長へのドライブと生き続けることの重要性　成長へのドライブ（本能的な欲望）が創業者や経営者には強烈にあるように思われる。経営者は利益を獲得しようとしているかもしれない。しかし，それとともに自社を絶えず成長させ，自分の会社を大きくしようとしている。小規模な企業（スモール・ビジネス）の経営者はもちろんのこと，大規模企業の経営者でさえ，会社を大きくしようと願っており，そのための活動を行っているように思われる。子供が大人になっていくように，あるいは植物が芽を出して発育していくように，企業も大きくなっていくことを当然のようにもとめているのであろうか。

もっとも，大きくしようと思っても，なかなか大きくならないのも企業であり，たいていの企業は小規模のままである。それは，きびしい環境のなかで生きのびている高山植物のようでもある。小さな企業は成長して，大企業になるという。しかし，それはきわめて例外的なことであり，企業はおおむね小規模なものかもしれない。

逆にいうと，成長へのドライブに矛盾するように思われるが，企業はなんとか生存し，生き続けること（サクシード，succeed）をもとめていると考えた

• ***One Point Lesson***

### 日本の企業は従業員を大切にしているか

近年は就職状況は好転していますが，1990年代はじめのバブル経済崩壊後，日本企業は業績不振に陥り，働く人びとを企業から追いだす動きを示しました。生き残り（サクシードやサバイバル）の経営戦略が重視され，採用抑制や非正規社員の増加が行われました。現在は本当に従業員を大切にしているのでしょうか。

い。大きくするのではなく，日々の活動のなかで，倒産することなく，経営を続けることを目標としているように見える。

企業はだれのものか　　企業のイメージで述べておきたいのは，企業はだれのものかという疑問である。

これについては，まず企業は株主とか出資者のものであるという見解がある。私有財産制を基盤とする資本主義経済においては，企業は資本の提供者のものである。したがって，資本の維持をはかり，十分な配当を支払うことで，株主や出資者に奉仕することは重要なのである。

しかしながら，この見解はきわめて狭いともいわれてきた。“企業は人なり”というように，企業の活動や発展は，なによりも働く人びとによって支えられている。したがって，企業は，そこで働く人びとのものでなければならない。それだけではなく，第1章で述べたが，企業は消費者に奉仕することがもとめられており，消費者の信頼を得られるかどうかが，企業の生存や発展にかかわっている。

また，現代の企業は競争しつつも，他のいろいろな企業と協力や取引を行っている。原材料や部品を他の企業から調達したり，別の企業に生産や販売を委託（アウトソーシング）したり，子会社や関連会社との間で経営資源を融通しあったりしている。資本を調達するために，金融機関とつきあう必要もあるし，コンサルタント会社の指導をうけることもでてくる。そこで，取引企業との関係を維持し，Win-Win の共存共栄（共生）をはかることが大切となる。

さらにいえば，企業は地域社会とか，地域住民とも関係をもっており，企業やその工場などが立地している地域社会の発展と繁栄に貢献しなければならない。企業の利益が大切であるとして，地域への貢献を忘れたり，住民を犠牲にすることは許されない。そして，地域社会あっての企業であるという考え方は，国内だけでなくグローバルな観点でも必要である。

企業のステイクホルダー（利害関係集団）とか，環境主体といわれるものは，これ以外にもあり，企業はそれらの利害関係集団のためのものでもある。利害関係集団のためにバランスのとれた活動や役割を行うことができない企業もあるが，バランスのとれた貢献を行い，これらの利害関係集団のための存在になる必要がある。これは，まさしくＣＳＲそのものである。また，このようなバランスがとれるような企業倫理の遵守やコーポレート・ガバナンス（企業統治）の確立が必要である。

環境対応業としての企業　イメージの最後に企業は環境対応業であることについて述べておこう。このイメージは環境変化のもとでは，企業はそれについていけなければ成長どころか，生き残ることさえも困難になるというものである。

1960年代から登場してきた経営戦略論とか，コンティンジェンシー（環境適応）理論などの考え方は，企業を環境対応業とみるものである。環境の変化に対して受け身的なかたちであるが，ついていく必要がある。それを「環境適応」という。しかし，企業は創造的なシステムでもあり，環境に対してこれまでとはちがったかたちで，能動的に働きかけているという側面も有している。それは，「環境創造」とか「環境革新」といえるものである。

## 2　企業の総合的な観点

企業分類のフレームワーク　企業を考える場合に，企業を種々の観点から

• *One Point Lesson*

### 岐路に立つコンビニ経営

1970年代の中頃に誕生したわが国のコンビニは30坪程度の店舗，約3,000種類の商品，24時間営業，年中無休を特徴にして，全国で5万店舗を越えるほどに発展をとげてきましたが，岐路の成熟期に移行してきました。労働力不足が目立ち，24時間営業がむずかしく，24時間営業が不要な地域も多い，廃棄される食料品・弁当問題も「もったいない」時代にはマッチしません。加盟店の経営はきびしい競争にさらされており，店主は苦しい状況におかれています。小売業界を変えてきたコンビニは，今後どのようになっていくのでしょうか。

観察したり，検討することが重要である。この種々の観点とは，どのようなものであろうか。ここでは，以下のものを列挙してみよう。

(1) 所有または出資の構造

(2) 法律論的な観点

(3) 規模や活動の拡がり

(4) 業種または産業の分類

(5) 文化や社会構造の観点

(6) 経営理念―経営戦略―経営資源の管理，つまり経営面という観点

**図2-1**は，これらの6つの観点を総合的にまとめたものであり，「企業分類のフレームワーク」と名づける。図をみるとわかるように，(6)の経営面という観点が図の中心であり，(1)から(5)までの観点は，そのまわりに位置づけられている。

企業形態論の限界　伝統的な経営学においては企業のタイプをどのように分類するかという問題は，企業形態論という分野で取り扱われてきた。そして，企業形態論では(1)と(2)のふたつの観点から企業の特性を検討してきた。

**図2-1** 企業分類のフレームワーク

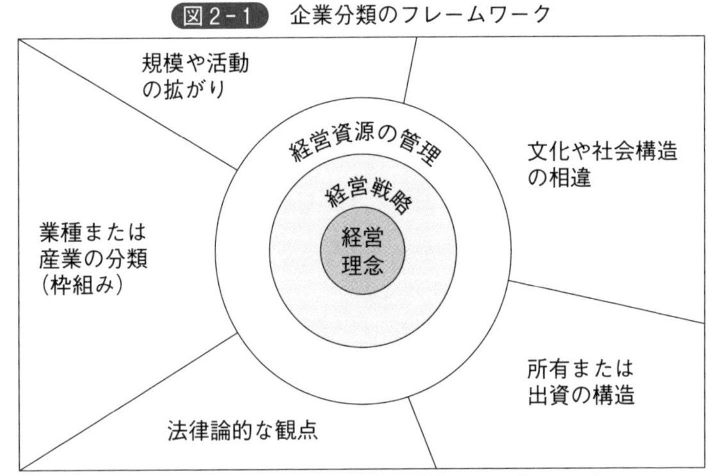


出所：齋藤毅憲著『教養の経営学』，中央経済社，1985年，24頁。
そこには，「経済体制の相違」が入っていたが，削除している。

(1)の観点とは「企業への資本の提供者がだれであるか」という所有者・出資者の性格や程度を基準にしている。具体的にいえば，①個人またはこれに類する私的な団体が出資者になっている私企業（private enterprise），②国または地方公共団体が出資者になっている公企業（public corporation），③出資者が①と②の双方からなる公私混合企業（mixed corporation）に大別される。そして，①，②を第1，第2セクターというのに対して，③は第3セクターともいわれてきた。

このなかでは私企業の果たしてきた役割は圧倒的に大きく，その数も多い。経営学はこの3つのタイプのなかでは私企業を主に研究してきた。もっとも，私企業といっても，出資者がひとりの「個人企業」(商法上の個人商人）と2人以上で共同的に所有される「共同企業」――比較的少数の出資者による少数共同企業と多数の出資者からなる多数共同企業に大別される――からなり，経営学は主に多数共同企業に関心を払ってきた。

なお，現在の経営学では中小企業の支援や起業づくりが重要であり，個人企業や少数共同企業といったスモール・ビジネスも研究しなければならない。

これに対して，(2)は，主として企業の設立，運営，解散をめぐる法律論的な観点であり，会社法がその中心となる。現代企業の典型となる株式会社のほか，合名会社，合資会社，合同会社などがよく知られている形態であり，これらの形態のライフ・サイクル（寿命）と運営にかかわる問題を取り扱っている。要するに，会社とは企業がとる法的な形態を示している。

このふたつの観点は，**図2-1**では図の底部に位置しており，(1)は経済学の研究者，そして(2)は法律学者の貢献に負うところが大きかった。逆にいうと，企業形態論は経営学の重要な分野であるにもかかわらず，経済学，法律学の成果にほとんど依存することが多かったのである。したがって，経営学の成果を十分にふまえた企業形態論の構築がもとめられており，編者の主張してきた「企業分類のフレームワーク」は，新たな企業形態論の模索になっている。

中核（コア）としての経営面　　新たな企業形態論を考える際に重要なのは，図に示されているようにコアをなすのは，(6)の経営面であるということである。経営理念を中心に経営戦略や経営資源の管理が図示されており，この部分こそが経営学的な企業分類である。

経営者のいだいている企業の最高目標（経営理念），企業経営に対する考え方とそれにもとづく活動（経営戦略）や経営資源の管理は，外見からみると同じように見えるものの，企業によって異なっており，企業の性格（パーソナリティ）や個性を主に生みだす源泉になっている。同じ業種といわれるがソニー，ＮＥＣ，パナソニック，日立，三菱電機は，それぞれちがった経営を展開している。また，ソフトバンクと楽天も異なった性格を有している。

経営のちがいをつくる他の観点　企業の性格や個性をつくるのは，主にいま述べた経営面であるが，(1)や(2)のほかに(3)から(5)までの観点も当然のことながらそれにかかわっている。

まず(3)からみると，巨大企業，大企業，中堅企業，中小企業，零細企業などといった規模からイメージしうる企業が存在している。この場合，資本金，売上高，利益，従業員数などの基準が用いられる。そして，他企業への影響力とか，企業の行っている活動の拡がりといった面からみると，親会社，子会社，関連会社，ローカルな企業，国内企業，国際企業などがある。

(4)は業種（line of business）や産業の分類である。この業種の分類についてはよく知られたものとして新聞の株式欄，電話帳，国勢調査などがある。もっとも，業種のイメージについては，産業構造の高度化，技術革新や他業種との融合などにともなって，希薄化もすすんでいる。これを企業レベルで考えると，環境の変化に対応するための新分野への進出，新製品や新しいサービスの開発，ＩｏＴの進展が行われ，事業の再構築や本業比率（本業売上高／総売上高）の低下が進んでいることで示される。

なお，流通業やサービス業などにおいては，業種とは異なる業態（type of business）の開発・転換という言葉が使われてきた。これは，セールスの方法（売り方）の変更であり，現在では，ＩＴ化の進展のなかでネット販売などが大きな勢いをもち，セールスの方法が変化してきた。

文化と企業活動　経営のちがいは，(5)の文化や社会構造によってもつくりだされており，この観点も企業をみるために重要である。とくに第1章でも明らかにしたように，企業活動もグローバルに展開されており，進出した現地国の法律などの制度的な特徴を十分に理解しなければならない。しかし，それだけでなく，文化や社会構造も把握し，適応する必要もある。

なお，社会主義国の崩壊によって，経済体制という観点は消失してしまい，現在では資本主義国どうしの競争が激化している。

## 3　システム論からみた企業の特性

**オープン・システムという考え方**　企業とはどのようなものであるかについて定義的なものをひとつあげてみたい。ここではシステム・アプローチ（systems approach）の立場から明らかにする。

もっとも，システム・アプローチといっても“オープン・システム（開放的な体系）”という考え方が大切である。これは，企業は環境のなかで活動しており，環境との相互関係のなかで企業をとらえようとするものである。そこで，これは現代のように環境が変化しているような状況にマッチした考え方である。これに対して，“クローズド・システム（閉鎖的な体系）”とは，環境との関係をあまり意識せず，企業の内部にもっぱら注意を向ける見方である。

図2-2はシステム・アプローチからとらえた企業を図示しているが，環境との間にある双方向の矢印は，企業と環境との相互関係，相互作用を示している。企業にむかう矢印は，環境の企業に対する影響であり，企業はそのインパクトに対応しなければならない。そして，このようなインパクトへの対応を重視することを「環境適応」と名づけるが，経営者は変化する環境情報（技術，市場，競争関係など）に敏感でなければならない。

他方，環境にむかう矢印は，企業からの環境への作用である。企業は既存の製品やサービスだけでなく，新たな製品やサービスを提供することで生活者をも豊かで便利にしている。これは企業のプラスの機能であり，「環境創造」，「環境革新」を行っている。しかし，それだけでなく企業が当初予定していなかったマイナスの作用（逆機能という）を付随的に発生させることもある。資

図2-2　企業というシステム

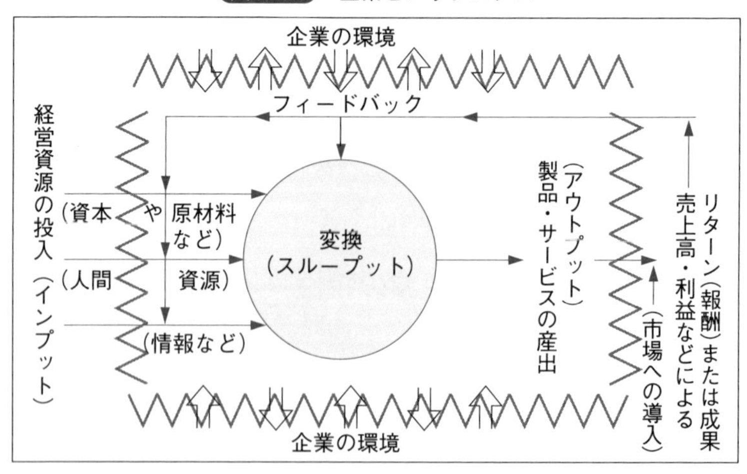


出所：齋藤毅憲著『教養の経営学』，中央経済社，25頁。

源の浪費，公害などによる環境破壊，製品使用後の廃棄物処理は，この逆機能の例であり，この逆機能の発生を避けるようにしなければならない。“社会のなかの企業”とかＣＳＲについては第１章でも述べたが，「環境保全」という考え方がここでは重要となる。また，すでに述べた各種のステイクホルダー（利害関係集団）との「共存共栄」，「共生」も不可欠である。

目的への志向性　　企業というシステムは目的をもち，これを達成しようとしている。これを「目的への志向性」といい，経営理念，経営戦略，企業目標などは企業全体の目的を示している。そして，この企業の目的を達成すると，「効率」（有効性）が高いといわれる。さらに，経営者は自分の会社のもっている経営資源を検討しつつ，他方で環境の変化に対応するように目的をつくる必要がある。これらについては第Ⅲ部で議論される。

企業全体の目標，つまり全社的な目的とか方向性は，経営者を中心に策定されるが，それを実現するために他の人間の協力が必要である場合には組織をつくり，その構成要素の活動を方向づけるとともに，目的の達成にむけて調整していくことになる。

図2-3　企業の主たる部門

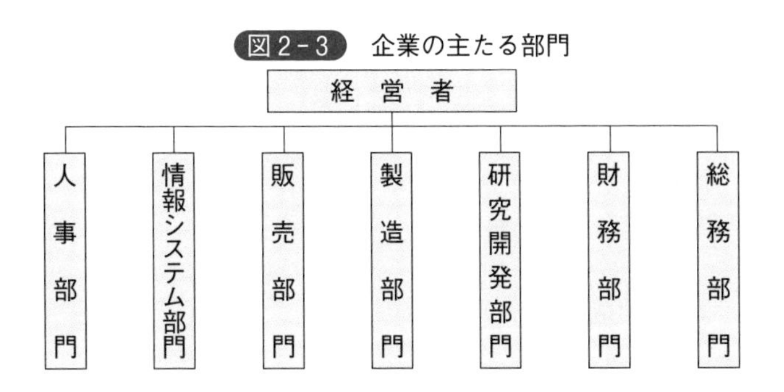


規模の大きいメーカーであれば，組織は製造部門，研究開発部門，販売部門，人事部門，財務部門，総務部門，情報システム部門などの構成要素からなっている（図2-3）。そして，これらの部門は企業という全体的なシステムを構成するサブシステム（下位のシステム）ともいわれ，これらの部門というシステムはさらにいくつかの課からなり，それぞれの課のもとに係などが位置していると考えられる。

このように，とくに大企業における組織は階層性をなしている。また，別のいい方をすると，全社的な目的からそれぞれの部門の目的が引きだされ，さらに課や係の目的が引きだされてくることになる。当然のことながら，下位のシステムの目的とそのための活動は，上位のシステムの目的の達成に貢献することがもとめられる（第10章を参照）。

投入と産出のシステム　　企業は図2-2に示されるように，環境から目的を達成するために必要とされる経営資源を投入（インプット）し，これを製品やサービスに産出（アウトプット）するシステムである。図中の円は変換の過程（スループット）といわれ，ここで重要な役割を果たす経営者は資本，原材料，機械設備，人的資源，情報などの経営資源を結合したり，組み合わせたりして，それを通じて，製品やサービスに変えている。

既存の製品やサービスをつくるにあたって大切なのは，投入と産出の関係をできるだけ合理的にすることであり，これを「メイク」という。投入量が同じであれば，産出量が多いほうが望ましいし，産出量を一定にすれば投入量をできるだけ少なくするのが良いことになる。「経済性」，そして「生産性」とか「能率」という言葉は，この関係を示している。

$$経済性 = \frac{産出量}{経営資源の総投入量}$$

$$生産性 = \frac{産出量}{経営資源別の投入量}$$

しかし，他方で新しい製品やサービスの開発も重要である。これは質的な意味での「経済性」で，まさに「創造性」であり，製品開発を行ったり，製品やサービスの価値を高めることである。これは「クリエイト」という。すでに第１章で述べたように，企業は生産的システムだけでなく，創造的なシステムでなければ生き残ることができないのである。

消費者や従業員との関係　　産出されたものは市場という環境に送りだされ，消費者や顧客に購入されると報酬が企業にもたらされる。いかに投入と産出のシステムが良好に機能しても消費者に受け入れられないと，売上高や利益を得ることができない。企業にとっては消費者にアピールできるマーケティング活動が必要となるが，あわせて製品やサービスの「マーケッタビリティ（市場性）」，つまり売れるものであることが重要となる。

• *One Point Lesson*

**ワガコト主義の「生き学」経営学にしよう！**

本書は企業と経営を客観的に分析しようとする立場にたっており，経営の仕事（経営者，管理者，起業家，自営業者，コンサルタントなど）についていない人にはヒトゴト（他人事）であり，すぐに使えるものではありません。しかし，本書の学習者が経営の仕事を近い将来，行うと思うと，企業と経営をまさに自分の問題であると考えます。経営学はワガコト（つまり，ワタクシゴト）となり，自分が生きるためのものになります。経営学をこのワガコト主義のものにしてみましょう。

報酬（リターン）の水準が投入した資金とバランスがとれないほどにきわめて低いと，企業は生き残ることが難しくなる。そこで，経営者は環境情報だけでなく報酬に関する情報を絶えず収集して，これを投入と産出のシステムにフィードバックして，システムの修正をはかることが必要となる。したがって，企業はみずからを制御できる「統制の機構」をつくり，有効に作用するようにしなければならない。

また，投入と産出のシステムにおいては投入される人的資源を大切に取り扱う必要がある。人間は機械設備と同じように働くことができないし，また働かせるべきでもない。働く人びとの環境条件を整備するとともに，能力や個性を発揮させる経営が大切であり，その意味では「人権」，「人間性」，「福祉」，「個尊重」といった視点がいうまでもないが重要になる。

経営者の主たる関心　　企業というシステムにおいては経営者の果たす役割

図2-4　企業と経営者の関心

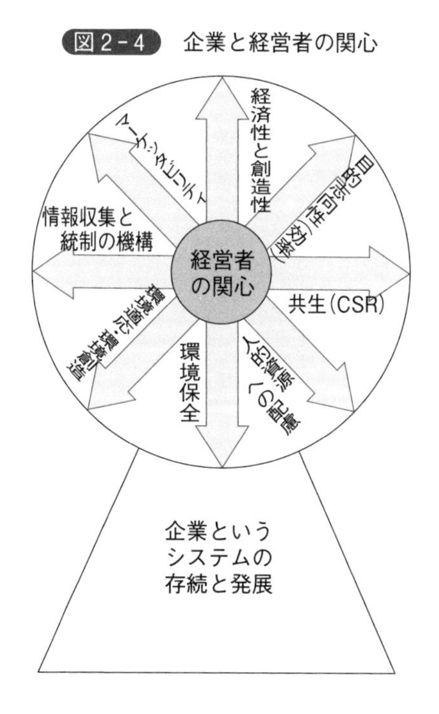

は大きいが，これまで述べてきたことから考えると，以下のような考え方に注意を払いながら活動しなければならないことになる（**図2-4**）。

(1) 環境適応と環境創造
(2) 環境保全
(3) ＣＳＲ（共生）
(4) 目的志向性（効率）
(5) 経済性と創造性
(6) マーケッタビリティ（市場性）
(7) 情報収集のシステムと統制の機構
(8) 人的資源への配慮

## 4　現代経営学の考え方と発展

区分される3つの基準　　企業とはどのような特性をもっているかをみてきた。それでは，現代の経営学は，どのような考え方（コンセプト）にもとづいて発展してきたのか，を企業の特性とからめて明らかにしたい。

おそらくこの考え方は3つのものに集約できるであろう。第1は，経営学の成立を促した企業内部の合理性を重視する考え方であり，第2のものは企業で働く人びとの人間性を大切にし，これを発展させようとしている。最後は変化する環境との相互関係のなかで企業をみようという考え方である。

**表2-1**は，発生順にそれらの特徴をまとめている。これによると，20世紀初頭にまず第1の考え方，それから第2の考え方が1930年前後に誕生している。第2次大戦前までにこのふたつが発生し，大戦後は第2の考え方がさらに発展するとともに，第3の考え方が台頭してくる。

合理性重視の基準　　経営学の成立を促したのは，テイラー（F.W.Taylor）の「科学的管理」やファヨール（H.Fayol）の経営者の仕事についての分析などである（30頁に顔写真，第5章の1を参照)。それらは，企業内部の合理性をもとめるという性格が強く，すでに述べたシステム・アプローチからいうと，投入と産出のシステム，とくに生産性や経済性に関心がある。つまり，企

表2-1 3つの基準の特徴

| 経営学の考え方の基準 | 基準の発生時期 | 主たるコンセプト | 主たる学説や研究者 | システム観 |
|---|---|---|---|---|
| 企業内部の合理性を重視する | 1900年－1930年 | 経済性，生産性，能率，目的を達成するための合理的な組織編成など | テイラーの「科学的管理」，ファヨールによる経営者の分析 | クローズド・システム |
| 企業のなかで働く人的資源に配慮する | 1930年－1960年 | 人間性，モラール，リーダーシップ，動機づけ，人間関係など | ホーソン実験と人間関係論，マズローの欲求の段階説，行動科学など | クローズド・システム |
| 環境との関連で企業をみる | 1960年－ | 目的志向性と効率，環境適応や創造，保全，マーケッタビリティ，情報収集のシステム，組織能力，CSR，コーポレート・ガバナンスなど | 経営戦略論，コンティンジェンシー理論，顧客志向のマーケティング論，情報管理理論，研究開発管理理論，コア・コンピタンス，知識創造理論など | オープン・システム |

業をクローズド・システムととらえ，企業内部の能率的な運営の観点が重視されている。

人的資源配慮の基準　1920年代から30年代にかけて行われたウェスタン・エレクトリック会社のホーソン工場での実験は，企業で働く人びとに対して配慮することの大切さを発見している。テイラーの科学的管理においては「能率向上こそが労使に幸福と繁栄をもたらす」という命題をもっていたとすれば，人間関係論ともいわれているホーソン実験では「働く人びとを幸福な状態にすれば能率向上がもたらされる」という命題に転換している。

第2次世界大戦後，心理学や社会学などをベースとする行動科学の発展によって企業における人間的側面の研究は進展し，働く人びとの動機づけやモラール（勤労意欲），人間関係，リーダーシップなどの研究が盛んになる。それだけでなく，企業の人事管理，従業員の参加制度，仕事の配分方法などの改

ファヨール

テイラー

革もおしすすめられてきた。また，海外進出の進展のなかで，「国際人事」や「国際的な人的管理」も重要なテーマになってきた。

環境重視の基準　働く人びと中心の基準も企業内部にむけられている。これに対して，1960年代以降，第３の基準となる考え方が展開され，企業の外部，つまり環境の変化にも関心を移してきた。企業の主たる特性が環境と関連していることはすでに明らかにしてきたとおりである。

経営戦略論とか，コンティンジェンシー理論（第11章の２を参照）は，このような第３の考え方をつくりあげてきたが，顧客志向のマーケティング論，情報管理理論，研究開発管理論なども環境との相互関係を重視している。そして，その後「コア・コンピタンス」，「知識創造」，「組織能力」など，環境対応のた

*• One Point Lesson*

### インスタント・ラーメンは世界を変えた！

安藤百福さんのことをご存じでしょうか。インスタント・ラーメンの大量生産（マスプロダクション）を実現して，世界の食生活の改革に貢献した日清食品の創業者が，この人です。食の供給を通じて社会に役立つという「食創為世」を経営理念にした彼は，たゆまぬ研究開発と努力によって，食生活のイノベーション（革新）をグローバルなレベルで実現したことを十分評価すべきでしょう。

めに企業のもつ経営資源のほうに力点をおく資源ベース理論という研究も生みだされてきた。

## 5　2世紀目に入った経営学

21世紀に変わり，経営学は2世紀目に入った。経営学の考え方が30年おきに変わってきたと考えると，1990年代以降の考え方はどのようなものであろうか。

それは1960年代以降の環境重視の基準が進化しており，オープン・システム観に立っている。技術や市場などの環境の激動は続くとともに，環境保全へのグローバルなニーズはきわめて強く要請されている。これにより，たとえば自動車を例にあげると，環境対応車や電気自動車が登場している。

他方，アメリカ，西欧諸国，日本などの工業先進国だけでなく，韓国，中国，インド，ブラジル，ロシアなどにおいても企業の発展が顕著となり，グローバルな競争関係は厳しさを増している。

また，働く人的資源には「多様性（ダイバーシティ）」がみられている。仕事の動機づけ，価値観，ライフスタイル，雇用形態，さらには国籍，人種，性別などの違いから，働く人びとの多様性が目立つようになり，これにどのように対処するかが大きな問題になっている。そして，ＩＴ化の高度な進展は，われわれの日常生活を大きく変えるとともに，ＩＴ関連の新たな産業やビジネスを生み出し，多くの起業家やＡＩ人材を増やしている。しかも，それは企業の経営や仕事のやり方をも変革している。

さらにいえば，21世紀においても企業が生活のサポーターとしての位置と役割を果たし，生き続けていくためには，自主的な企業倫理やＣＳＲの実践，各種ハラスメントの減少，コンプライアンスと公正なコーポレート・ガバナンスの確立がもとめられている。

いずれにせよ，1990年代からの30年間の企業経営は，以前にも増して複雑なものになっている。そしてこのような状況にあっては，これまでの３つの基準が同じようなウェイトで重要になっていると考えられる。第３番目の基準は大切であるが，第１，第２番目の基準も大切なのが，現代の特徴である。

## *Key Word*

**専門的な職業としての経営（マネジメント）**：伝統的に欧米では牧師，医師，法曹関係者が専門的な職業（プロ）といわれてきたが，アメリカでは20世紀初めの経営学の成立とほぼ同じ時期に，企業の経営を担う仕事もこのような職業の仲間入りをさせるべきとの主張が展開され，以後その実現がはかられてきた。

**能率（エフィシェンシー）と効率（有効性，エフェクティブネス）**：バーナード（C. I. Barnard）の主張（1938年）によると，能率とは働く人びとの満足度，効率は企業目標の達成度を意味している。しかし，ドラッカー（P. Drucker, 1974年）によると，効率は企業目標の達成度であるが，能率はよくいわれる生産性である。

**総務部**：わが国企業の総務部は，各部門が扱いきれないような雑多の仕事を集めて，取り扱っている。良くも悪くも“なんでも屋”的な部門になっている。そして，行政の組織でも，この部門の力が強い。

## *Let's Try*

**問題 1**

経営学を学習する以前に，あなたがいだいていた企業のイメージとはどのようなものでしょうか。本文などを参考にして考えて下さい。

**問題 2**

企業分類のフレームワークのなかであなたが関心のある部分はどこでしょうか。その理由も示して下さい。

**問題 3**

20世紀と異なって,「21世紀の経営学」はどのようなものであると思いますか。レポートにまとめてみて下さい。

**問題 4**

中国や韓国を中心にアジアの注目すべき企業を調査してみて下さい。

1頁教室

## ＥＳＧ（環境，社会，コーポレート・ガバナンス）重視の経営を！

日本の代表的な会計学者・伊藤邦雄が提唱しているＲＯＥＳＧは興味深いものです。ＲＯＥＳＧは，ＲＯＥとＥＳＧの組みあわせです。本文でも述べましたが，前者は自己資本利益率のことであり，企業がどのくらいの収益力をもっているかを明らかにしています。ＥＳＧは企業がどのくらい環境問題に積極的になっているのか，働く人びとの人権・安全・衛生，働きがいなどにどのように対応しているのか，そして良好なコーポレート・ガバナンス（企業統治）を本当に確立しているのかを示す指標になっています。

伝統的な企業評価論では，ＲＯＥが重視されていましたが，現在ではＥＳＧを大切にしない企業は，収益の獲得をつづけることができないという主張が強くなってきています。要するに，ＣＳＲ重視の経営を実施しない企業は収益力を失うということです（「日本経済新聞」2019年8月12日）。

ＥＳＧ対応型の企業は，消費者や顧客の信用を高め，売上高や利益を増加させるだけでなく，優秀な人材（ヒューマン・リソース）や投資額の増加をもたらすので，企業の持続的発展に貢献します。

ＲＯＥＳＧの上位企業をみると，アメリカ企業はＲＯＥが高く，ヨーロッパの企業はＥＳＧの指標が高いが，全般的にはどちらも高く，ＲＯＥとＥＳＧの指標が両立しているケースが多いといいます。

また，上位企業には，医薬や食品などの消費者（B to C）向きの企業が入っています。いうまでもありませんが，環境問題や消費者対応に心を配り，サプライ・チェーンをしっかり管理することが企業のブランド価値を高めており，それはＥＳＧを重視していることによっています。

日本企業は，ＲＯＥＳＧ指標はあまり高くなく，後れをとっています。ＲＯＥＳＧを高めるための運動（ムーブメント）を積極的に行わないと，世界の先進企業に対抗することができなくなります。

ＥＳＧを重視している企業を調べてみて下さい。

# 第3章　行政，ＮＰＯとの関係をみる

本章では生活のサポーターが企業だけでなく，行政やＮＰＯ，さらに社会起業家などであることを明らかにする。あわせて，生活者自体がそのもっている力を発揮し，企業や行政と協力していくことが必要であることを示している。

## 1　グッド・ライフづくりに貢献する行政

グッド・ライフの創造　　企業は生活のサポーターであり，生活者の豊かで便利なくらしに貢献していると第1章で述べた。つまり，企業は“グッド・ライフ（良い生活）”をつくるのに役立っているのである。

しかし，“グッド・ライフ”づくりにかかわっているのは，企業だけではない。国や地方自治体（県や市町村）などの行政――いわゆる“役所”は，当然のことながらこれに関与している。また，阪神大震災（1995年）以後，顕著に発展しているのが，民間の非営利組織といわれるＮＰＯ（non profit organization）である。大震災に直面した際に，行政はその力を発揮し，企業も応分の援助活動を行ったが，それだけでは復旧には，とうてい不足していた。そこで，活躍したのが，ボランティア精神や利他主義的な考え方をもつ人びとの集まりであるＮＰＯである。それ以降，グッド・ライフづくりの主体としてのＮＰＯの存在が認められるようになった。

行政の役割　　行政は生活者や企業の納税によって獲得した資金を利用して，生活上の安心・安全・利便・向上を中心にして具体的には，福祉，医療，教育，子育て支援，文化，生活基盤などの広範な事業分野において，主にサービスを提供している。要するに，行政は生活を行うための基盤を整備し，生活者に奉仕している。そして，行政で働く人びとを「公務員」というが，公務員は生活者に対して公平に奉仕しなければならない。

たとえば，医療で考えてみると，行政以外の団体や個人が経営している病院もあるが，県立病院，市立病院などは行政が経営の主体になっている。そして，生活の利便さなどにかかわる交通でみると，大都市では交通局が設置され，市営バスや市営地下鉄，市営駐輪場などを経営している。また，公民館，区民文化センターなどの文化施設の管理や文化財の保護なども行政の担当分野になってきた。

さらに，上下水道事業，土地開発，住宅供給，中小企業向けの経営や金融支援などについても行政は経営の主体となってきた。もっとも，公務員の人数でいうと，公立学校の教職員や警察職員の占めるウェイトはきわめて大きい。

行政は企業やＮＰＯ，あるいは個人などが経営するのがむずかしいと思われてきた事業分野を対象にし，しかもグッド・ライフのための基盤をなすような分野で事業を展開してきた。

財政難の自治体の動き　　バブル経済が崩壊した1990年代以降，わが国の自治体は国も地方も財政難に陥っている。そして，夕張市のように財政破たんをおこした事例もみられる。企業の業績は全体的にみると停滞ないし悪化し，個人所得もおおむね増加することがなかった。したがって，納税は増えなかったのである。他方，“行政バブル”というべきであろうが，行政もバブル経済の時期にグッド・ライフのために，立派な施設——“ハコもの”という——を多くつくってしまったために，その運営，維持の費用を多く要するようになっている。要するに，収入が増えなくなったのに，費用のほうは増えるということで，財政難に陥ることになってしまったのである。

このようななかで，民営化（民間化）できるとか，できそうな事業については企業化していこうという考えが生じてくる。あるいは，事業が不要なもの，経営が困難なものについては，廃止することも考えられるようになった。さらには，具体的な運営を企業やＮＰＯに委ねることも行われている。

民主党政権下で“事業仕分け”という言葉が有名になったが，行政が行ってきた広範な事業分野を精査して，行政にかわって民営化・民間化できるかどうかをチェックすることがまずもとめられている。そして，その過程でむしろ実施自体が不要であることが判明した事業については，廃止や解散も必要になっている。とくにこのような事例としては「地方３公社」がよく知られている。

公共事業用の土地の買収を目的とする土地開発公社，住宅の分譲化，集合住宅の賃貸を事業とする地方住宅供給公社，有料道路の建設を行うことを目的とする地方道路公社が，地方３公社であり，1970年代前後から生活基盤の整備を目的にして全国各地で設立されてきた。これらは，地方自治体が出資し，土地開発公社は都道府県と市町村などが，地方住宅供給公社と地方道路公社は都道府県だけでなく，政令指定都市が設立できることになっていた。

当初は，設立の目的にむけて活動し，成果をあげていた。しかし，行政の遂行する公共事業が縮小するとか，人口が減少して合理的な経営ができない，などの背景のもとで，公社の多くが経営難に陥る状態になった。公社の赤字や債務が増え，しかも公社の借金は自治体が負担しなければならないので，財政難に陥っていたり，財政規模の大きくない自治体にとっては，その負担は深刻になり，廃止や解散に追いこまれてきた。

もうひとつの具体的な運営を企業やＮＰＯに委ねることについては，指定管理者制度が実施されている。自治体はもっている各種の公共施設の管理を行わず，公平な審査を経て選ばれた企業や団体などに運営させている。行政から提供された資金を合理的に使いながら公共施設を運営することになるから，経営の能力や専門的な経験などがどうしても必要になる。たとえば，福祉施設や美術館，歴史博物館などを考えてみると，指定管理者になる人びとには，経営だけでなく，施設の特徴から生じる専門性がもとめられる。そして，指定管理者となる企業やＮＰＯには，当然のことながらサービスの向上とコスト削減など，合理的経営が期待されている。

なお，地方自治体が独自に蓄積してきたノウハウや技術などの経営資源を活用して事業化などの支援をスタートさせるケースも生じている。たとえば，上下水道の分野でみると，水処理などの技術開発とか，水関連のインフラ（基盤）工事については企業が得意としている。これに対して，自治体は給水事業の運営や施設の管理については多くの経験をもち，ノウハウや技術を確立してきた。ＳＤＧｓ（13頁の１頁教室を参照）にもあるように，世界では水の需要が高まっている。とくに経済成長の顕著な新興国を中心にして，急速に需要が高まっており，そこにビジネス・チャンスをはみている自治体がある。

独立行政法人への転換　　行政の行っている事業の民営化・民間化をはかる過程で採用されてきたのが，独立行政法人（独法）である。独立行政法人通則法によって運営の基本的な考え方が決められているが，独法化は事業の自主的な運営を可能にし，そうすることで，より柔軟な公務サービスを提供できることを目的としている。

この代表的な事例は，国立大学であり，現在では独立行政法人となり，主体的に経営することがもとめられている。国立大学はかつては文部科学省つまり国の制約や保護を大きくうけていたが，独法化によって経営の自主性を獲得するとともに，自己責任を負うことになっている。

*• One Point Lesson*

## 役に立つ役所に！

役所は堅いとか，規則主義で冷たいというイメージがかつてはありました。現在も，そのようなイメージはまったくなくなったとはいえないかもしれませんが，窓口などの対応は市民の目線に立ち，ホスピタリティのある（親切な）ものに変わりつつあります。要するに，市民に役に立つ役所になろうとしています。もっとも，本当に役に立つ役所とは，本来の公務サービスによるべきです。しかし，役所も企業と同じように，かぎられた資源のなかで，公務サービスを提供しており，「納税しているから，なんでもやってほしい」と考えることはできないのです。

もうひとつ例をあげると，都市再生機構――通称「ＵＲ」――は国土交通省が所管の独立行政法人である。そのルーツは1955（昭和30）年設立の日本住宅公団である。第２次世界大戦後の高度経済成長期に地方から大都市圏に流入した人口の急増によって住宅不足が生じたために，その解消を狙って設立されている。

その後，1975（昭和50）年に設立された宅地開発公団と一体化し，1981（昭和56）年には住宅・都市整備公団，1999（平成11）年には都市基盤整備公団に変更され，具体的には賃貸住宅の管理と都市の再開発を事業の目的にしている。他方，1974（昭和49）年には，地域振興整備公団が地方の都市開発を目的として設立されるが，都市基盤整備公団と統合されて，都市再生機構となっている。

都市再生機構も同じように，きびしい経営に直面している。同機構は，賃貸住宅の事業では巨額に思われる債務があり，経営の改革がもとめられており，政府はこれらの事業の民営化・民間化を考えている。ともあれ，行政の事業や独立行政法人の経営が今後どのように展開されていくかについては注目していかなければならない。

## ２　ＮＰＯと社会起業家への期待

**ＮＰＯの意味**　ＮＰＯへの期待が高まっている。企業は本来の目的である製品やサービスの提供のほかに，社会貢献を行っている。そして，行政もきびしい状況のなかで，グッド・ライフづくりに貢献している。しかし，企業や行政の活動があるといっても，すべてをカバーできるわけでなく，ＮＰＯに対するニーズが強くなっている。東日本大震災の復興にあたっても，役所の役割の限界が明らかになり，これにかわって絆やつながりを重視するボランティアやＮＰＯの力が大きく，被害をうけた人びとがその力に支えられたことが知られている。

ＮＰＯは企業とちがって，利益を追求しない民間の組織，つまり非営利組織と訳されており，関連して使用されるＮＧＯ（非政府組織，nongovernmental organization）はグローバルに活動を行っているＮＰＯである。たとえば，国境なき医師団（Medecins Sans Frontiens）はＮＧＯの例であり，世界で60ヵ国以上で援助活動を行っている非営利の民間医療・人道援助団体である。

ＮＰＯは一般の市民が中心となって組織化され，生活者や社会のためといった公益性の高い目標，つまりミッション（使命）をもち，利益をあげたとしても，分配することはない，などの特徴を有している。1998（平成10）年に施行された特定非営利活動促進法（ＮＰＯ法）以降，ＮＰＯ法人として法人格を与えられるようになり，保健・医療・福祉，環境・保全，生涯学習・社会教育，学術・文化・芸術・スポーツ振興，子育て，地域活性化・マチづくり，国際協力などの広範な分野で活動を展開している。具体的には財団法人，社団法人，医療法人，社会福祉法人，宗教法人，学校法人などがＮＰＯに関連する法人になっている。もっとも，法人化はされていない市民のボランティア活動もＮＰＯと考えることができる。

日本のＮＰＯ経営　　ＮＰＯ法の施行以降，わが国ではＮＰＯ法人の数は，急増している。内閣府のＨＰ（2019年11月末現在）によると，５万を超えている。

しかし，ＮＰＯの経営はむずかしい状況にある。ほとんどのＮＰＯは規模が小さく，少数の専属スタッフとボランティアによって成り立っている。専属スタッフの人件費は企業に比較して少なく，ボランティアはほぼ無報酬に近いといえる。年間の総収入が500万円以下のＮＰＯ法人が多数を占めており，資金ぐりに苦労している。つまり，活動を行うための運営費や人件費を捻出するのに困難さを感じているのが実状であり，解散するケースも多い。

事業収入が少ないだけでなく，行政などの助成金・補助金も少ない。むしろ活動のために，会費を徴収しているＮＰＯもある。さらに，寄付は少ない。アメリカの場合，個人の寄付がきわめて多く，ＮＰＯの活動を支えており，わが国ではＮＰＯをサポートする体制やカルチャー（文化）をつくりあげることが大切となる。設立したものの，人材難だけでなく，資金ぐりなどで，経営が円滑に行われていないＮＰＯも多く，支援や育成が重要となる。

ＮＰＯの変化と社会起業家の台頭　ＮＰＯには他者のために尽くす思いやりがあるとか，慈善を施すといったイメージがある。英語のチャリティ（charity）がこれにあたり，チャリティ（慈善）型ＮＰＯといわれてきた。また，監視型のＮＰＯというタイプが存在してきた。これは政治や行政の不正や腐敗などをただしたり，企業の各種の不祥事が発生しないように監視するものであり，いわゆる公益のためにチェック機能を遂行してきた。かつて企業によって公害問題が発生したが，監視型ＮＰＯは企業をチェックすることになるから，当然のことながら企業と対立するような構図がみられていた。

ところで，このようなふたつのタイプに現在では事業型ＮＰＯという新たなタイプがつけ加わりつある。この事業型ＮＰＯとは，ＮＰＯのもつ公益性だけでなく，企業経営の考え方をも導入していこうというものである。つまり，公益性の高い社会問題，生活者にとって重要な課題をビジネス的に解決・処理し，採算をとるだけでなく，利益をあげるようにすることを目標にしている。これは「社会起業家（ソーシャル・アントレプレナー）」といわれ，かれらがつくる企業は社会的企業（ソーシャル・エンタープライズ，ソーシャル・ビジネス）やソーシャル・ベンチャーなどという。

これに関連して，生活者と居住している地域社会で発生する各種の問題をビジネス的に解決しようとするものを「コミュニティ・ビジネス」と名づけてきた。これも社会起業家であり，事業型ＮＰＯがその活動に大きくかかわってきている。わが国では農村部においても，都市部においても生活者と，その生活している地域で問題が発生しており，しかも行政や企業でも解決できにくい状況にある。このようななかでコミュニティ・ビジネスが活躍しはじめている。このような地域で発生する問題はビジネスを生みだすことになる。

若い社会起業家の事例　社会起業家には若い人びとも多い。たとえば，ＮＰＯ法人フローレンスの代表者である駒崎弘樹は，よく知られている。大学時代に起業したＩＴ企業の社長として成功をおさめていたが，ＩＰＯ（新規株式公開）によって得られる金銭よりも社会貢献の思いを大切にしていた。彼は「日本社会に役立ちたい」とし，学生社長をやめ，病児保育を行うことで，母親たちを支援する事業を立ちあげている。全国の保育園で37度５分以上の熱のある病児も保育するところは少なく，働く母親にとっては深刻であることを知った駒崎は，この病児保育のビジネス化を展開してきた。

横浜市の中心部に寿（ことぶき）町がある。この地区はかつては東京の山谷，大阪の釜ヶ崎にとともに，日本の３大寄せ場のひとつとして著名であったが，ここの住人の高齢化もすすみ，かれらを支援する「さなぎ達」というＮＰＯが活動展開してきた。

この寿地区で起業したコトラボ合同会社の岡部友彦も，社会起業家のひとりである。岡部は大学院で建築学と都市論を研究しており，寿地区にある簡易宿泊施設（「ドヤ街」といわれた）を再活用することを目標としている。具体的には「ヨコハマホステルヴィレッジ」を運営し，空き室（３畳１間）の簡易宿泊所を旅行者用のものに転換し，新しい旅行者を招き入れて，この地区を活性化させようとしてきた。

もうひとりあげると，「キズキ共育塾」をたちあげた安田祐輔も注目される。この塾は，貧しい家庭の子どもたちに対して安い授業料で学習の機会を提供するために設立されている。したがって，これは学習支援をミッションにしている。発展途上国での仕事を希望して，総合商社に入社したものの，実際には割りあてられたのは国内でのデスクワークであり，希望とはあわなかった。そこで悩んだ安田は，「正しいこと」のために働きたいし，貧しいために学習塾に行けず，将来の道が狭められることを懸念して，この事業をスタートさせている。

このほかにも，社会起業家になっている若者は多い。そして，若い女性も当然のことながらいる。高校生向けのキャリア学習プログラムを提供している「カタリバ」の今村久美や，発展途上国においてアパレル製品や雑貨の開発・生産を指導するとともに，製品を先進国で販売している「マザーハウス」の山口絵理子などは，若い女性の社会起業家の典型的な事例とみられている。

社会起業家育成の活況化　　社会起業家を育成しようという動きがトレンドになっている。社会起業家の父といわれるビル・ドレイトン（Bill Drayton）は，1982年にアショカ財団をつくり，社会起業家の育成を支援する活動を世界的に展開してきた。経営コンサルタントを経験してから，この財団を設立しているが，財団命名の理由は紀元前に慈悲のある統治によりインドを統一したアショカ王に由来している。

また，バングラデシュで貧しい女性たちに低利，長期融資を行うグラミン銀行を設立したムハマド・ユヌス（Muhammad Yunus）も世界的に知られた社会起業家である。彼は2006年，ノーベル平和賞を受賞した経済学者であるが，グラミン銀行は多くの人びとに融資するとともに，獲得した利益は災害時の基金としてきた。

このふたりの活動がきわだって目立っている。そして，確実に社会起業家を育成する動きがわが国でもみられる。たとえば，2002年からスタートしたＮＥＣ社会起業塾も，そのひとつである。このプログラムを支えているのが，ＮＰＯ法人ＥＴＩＣ（エティック）である。代表の宮城治男は大学在学中に学生起業家の全国ネットワークをたちあげており，若手の社会起業家育成のノウハウを蓄積してきた。他方，ＮＥＣはＣＳＲを重視している企業であり，ＥＴＩＣとコラボレーション（協働）して，この事業を行ってきた。

ＮＥＣ社会起業塾は，若者を社会起業家として育てる場として知られている。そして，ＮＥＣとＥＴＩＣの協働については，横浜市役所が大きな関心をもち，その後，花王も参加するかたちで，社会起業家育成にとり組んでいる。これは，横浜市が社会起業家育成や企業とＮＰＯのコラボレーションを重視している自治体であることを示している。

また，神奈川県の公益財団法人・起業家支援財団も社会起業家育成のための支援拠点を横浜市に開設している。横浜銀行，アルプス技研，丸全昭和運輸など神奈川県内の16社が出資しているこの財団は，社会起業家育成に貢献してきた。

このような活動事例は，日本の他の地域においてもみられている。生活者のグッド・ライフに役立ち，それを通じて地域社会の活性化や再生に貢献できる社会起業家の育成は，多くの地域において急務になっている。

## 3　グッド・ライフづくりのための協力

グッド・ライフのための主体　以上でみてきたように，生活のサポーターになるのは，企業のほかに，行政であり，重要な主体（アクター）になる。しかし，現在の時点で考えると，ＮＰＯや社会起業家の活動にも期待するところが大きい。したがって，かつては企業と行政がグッド・ライフ創造のための2つの主体であったが，今日ではＮＰＯもくわわって，「3つの主体」に変わってきている。

企業はモノづくりにきわめて強力なパワーを発揮し，主に製品つまりモノを生活者に提供し，これに対して行政は公務サービスというように，形のないサービスを提供してきた。そして，今日ではサービス業が発展しているように，企業も行政の提供するようなサービスを開発させ，流通させている。さらに，ＮＰＯや社会起業家は，モノよりもサービスの提供のほうに注力している。提供するものにちがいがあるが，これらの主体によって，われわれの生活は支えられている。

苦境下の企業と行政　企業は生活のサポーターであるが，きびしい競争のなかでこの役割を果たさなければ生き続けることができない。したがって，企業は競争相手を意識しながら生活者が購入するような製品やサービスの開発・生産・販売に努力しなければならない。つまり，企業は生き残りをかけて活動しており，苦しい状況におかれている。

他方，グッド・ライフづくりの第2の主体である行政も，すでに述べたような財政難のもとにあり，きびしい経営を強いられている。そして，景気の大幅な回復による税収の増加も期待できない。また，納税面での高負担に対しては企業も生活者も賛成することが少ないので，行政の行えることには，かなりの限界があることを認めなければならない。企業の発展とともに肥大化してしまい，「小さな政府」になれない行政には，かつての“お上（かみ）の力”を期待することは現状ではむずかしくなっている。

「生活者力」の活用　以上のように，ふたつの主体はきびしい状況におかれているが，生活者と地域社会，そして広義の社会も各種の新しい困難な問題に直面している。このようななかでＮＰＯや社会起業家が台頭し，それらの問題解決に対処しようとしている。これが現在の状況である。

もっとも，ＮＰＯや社会起業家の台頭とは，企業や行政に支えられてきた生活者自体がそのもっている力を発揮してみたり，再生させることを意味している。それは結局のところ，「生活者力」である。そして，この生活者力はＮＰＯや社会起業家を生みだす源泉であり，この力がなければ第３の主体は形成されないであろう。これまで支えられてきた主体は，同時に支える主体にもならなければならない。病弱であったり，高齢であったりして，ささえる側になれない人も一部でいるが，生活者力の活用が必要となる。

東日本大震災で，絆やつながりの重要性をわれわれは再認識した。“ともに生きていく（共生）”ことを重視する絆やつながりとは，この支えられつつ，同時に支えることであり，この考えを大切にしなければならない。わが国は，豊かで便利な成熟社会になったとはいえ，被災地の人びとや社会的な弱者などが直面している格差社会化問題を解決していかなければならない。

いずれにせよ，生活者力の活用のなかで，企業や行政との関係を検討し，新たな関係に再構築していくことがもとめられている。企業はなにをどこまで行うべきか，そして，行政はなにをどこまで行うべきか，さらに生活者力にもとづくＮＰＯや社会起業家はどうしたらよいのであろうか。

***• One Point Lesson***

### ＮＰＯでも「プロ」の経営者を！

大企業でも部長などから昇進した生(は)えぬき型の経営者にかわって経営の大学院（ビジネス・スクール）を修了したＭＢＡ（経営学修士）取得の「プロ」の経営者（専門経営者）への期待が高まっています。この経営者は行政の組織だけでなく，ＮＰＯでも必要です。ビジョンや理想が高く，めざしている目標も高いが，経営者としての経験や能力が不足し，経営がうまくいっていないことが多いのもＮＰＯです。

## Key Word

**社会起業家**:イギリスではサッチャー政権の1980年代に，“ゆりかごから墓場まで”の福祉国家観から「小さな政府」観への転換が主張されている。このなかで実施されたのが，行政が担当してきた事業の民営化・民間化であり，もうひとつが規制緩和である。この流れのなかから社会起業家が誕生してきた。他方，アメリカにおいては利益重視の株主主権の考え方，マネー・メーキング（金儲け）中心の金融資本主義に対する批制・異議として「社会的責任」や「社会貢献」が主張されてきた。このようななかで，成功した企業経営者やコンサルタントたちの一部が社会起業家に転身したり，社会責任投資を行うケースがみられてきた。

**行政経営**：行政にとっても経営の考え方は重要であり，企業経営学（Business Management）に対して，行政経営学（Public Management）という。役所と企業とは確かにちがっている面も多いが，組織としての共通性もある。ちがいを重視するのが，これまでの考えであったが，類似性を重視して考えてもいいのではないかと思っている。現在の行政組織をみると，企業経営学の考え方をとり入れた行政が行われている。

## Let's Try

**問題 1**

あなたが住んでいる地域の行政の行っている病院事業，上下道事業，福祉事業などのなかから，1つをとりあげて調査してみて下さい。

**問題 2**

あなたの関心のあるＮＰＯの経営がどのような状況にあるのかを調査し，レポートを作ってみて下さい。

**問題 3**

若い社会起業家について調査するとともに，かれらがどのような人間であるのか，どのようなかたちで起業したのかを明らかにして下さい。

**問題 4**

大震災以後でボランティアが注目されていますが，あなたや周辺の人びとは，このような活動にどのようにかかわっているのかを明らかにして下さい。

**1頁教室**

## 寿オルタナティブ・ネットワークと黄金町エリアマネジメントセンターとはどんなＮＰＯ？

本文で横浜市の寿地区の話をしましたが，アーティスト，クリエイター，プロデューサーなど，文化芸術にかかわる人びとが，この寿地区を中心に活動を展開しています。その母体となるのが寿オルタナティブ・ネットワークで，2008年からスタートしています。昭和30（1955）年代以降形成された寿町は高齢化がすすむだけでなく，ドヤの空き室も多くなってきました。上述の人びとは地域の住人，地元の企業，自治会，大学の研究室，横浜市などと協力して，文化芸術活動を展開しており，その集積は「KOTOBUKI CREATIVE ACTION」と名づけられています。これにより，活動家と住人が自己実現と共生の機会をもつとともに，この地区の活性化につなげようとしています。本文にあったヨコハマホステルビレッジもこの活動を支援しています。

さて，横浜市を走る京急線の日ノ出町駅から黄金町駅間の高架下は，かつては違法風俗店が多い，あまり安全でない地域でした。しかし，ここ20年間ぐらいで，アートのマチに変わりつつあります。一例をあげると，「黄金町バザール2019――ニュー・メナジェリー」（KOGANECHO BAZAAR2019――New Menagerie）はこの地域でのアートフェスティバルであり，国内外の15組のアーティストがこの地に滞在・制作し，作品の展示のほか，ガイドツアー，ワークショップ，トークイベント，マルシェなどの企画を展開しています。

ニュー・メナジェリーとは，16～18世紀の近世ヨーロッパの王侯・貴族たちがアメリカ大陸やインド洋の航海ルートの発見により，それまで知らなかった動物や植物を1ヵ所に集めた「動物飼育舎」のことであり，黄金町一帯をこの新しいアートの拠点にしようとしています。

ＮＰＯ法人黄金町エリアマネジメントセンターは，その担い手であり，初黄・日ノ出町環境浄化推進協議会と協力してバザールを実施しています。後援する団体は，行政組織，企業，地域の団体や大学，アート系の団体，在日大使館など多数に及んでいます。

あなたの住んでいる地域では，どのようなＮＰＯや社会起業家が活動していますか。

# 第4章　企業を理解しよう

本章では，経営学はどのようにしたら学習できるかについて考えてみることにしよう。企業に関する情報にはどのようなタイプがあり，それはどうすれば獲得できるのか，また経営学の知識とはどのような性格をもっているのか，具体的に取り扱うことにしたい。

## 1　企業情報の収集

情報収集の意味　　企業がどのようなものであり，その経営（マネジメント）はどのように行われているかを考えるのが経営学の任務である。そして，企業経営を主な研究対象とするならば，それについて，ある一定のイメージをもつことが学習や研究の出発点となる。このイメージづくりには，なによりもまず企業に関する情報を収集することが大切である。

抽象的な理論や専門書を学習したり，研究することは重要である。しかし，他方で現実に活動している企業の実態を知ることが不可欠である。とりわけ経営学をはじめて勉強してみようとしている人びとや企業で働いた経験のない人びとにとって，企業に対するイメージを獲得するために，企業に関するさまざまな情報を収集し，整理してみることが大切である。

ジャーナリズムによる情報伝達　　情報を集めてみようと考えなくても，マス・メディアや企業のＨＰがきわめて多数の企業情報や関連情報といえる産業・経済情報を流してくれている。新聞やテレビ，ラジオ，ＨＰは，その主たる情報源であり，きわめて新鮮な情報を提供している。

もっとも，新聞やＨＰは目でみる文書化された情報であるのに対して，ラジオのほうは耳で聴く口頭情報であり，テレビは両方の要素をもっている。そして，情報の内容を正確に把握するためには，前者のほうがベターである。

企業経営，産業，経済関係の雑誌，たとえば，『週刊東洋経済』，『日経ビジネス』，『週刊ダイヤモンド』などもジャーナリズムによる情報伝達の事例で，新鮮な情報を比較的コンパクトなかたちで提供している。しかし，関心や学習のモチベーションが高くないと，これらの雑誌を購入したり，読む機会は少ない。また，雑誌は情報を加工しないで生の状態で取り扱う場合もあるが，情報を加工し，いわゆる“分析”とか“論理”をも重視している。この点では，テレビの企業経営関係の番組や専門業者のビデオ教材はよくできており，興味深い多くの情報を得ることができる。

なお，ジャーナリズムについては，企業側からの広告活動も情報伝達のひとつになっている。新聞・テレビの広告やネット広告を考えるならば，企業は自社の製品やサービスをアピールするために消費者に情報を提供している。また，自社の将来の方向性や理想を社会に対して強烈に打ち出すために，企業自体を売りこむような企業広告も，その企業の経営に対する考え方や方向性を知るための手がかりとなる。

ヒアリングとその限界　　企業情報を収集するための方法として，前述した耳で聴く口頭情報というものがある。これに関連してヒアリングという方法がある。個人的な会話，見学会，インタビュー（面接），研究会などの場で，企業情報を得ることができるのであり，具体的な資料などの裏づけを同時に提供してくれるときには比較的客観的な情報と評価することができる。

しかしながら，具体的な資料などの裏づけが示されないと，ヒアリングから得られる情報は正確性に欠けることになる。また，話をしてくれる人間の個人的な考え方や思い込みが含まれるかもしれない。ヒアリングによる情報は一般的にいえば理解しやすいものであり，対象となっている企業についてのイメージ形成に役立つが，限界もあり，裏づけとなる証拠を，別の情報源から見つけださなければならない。

文書化情報の特徴　　そこで，裏づけとなる証拠として，種々の文書化された情報を収集しなければならない。しかも，この場合大切なのは，そこにはある一定以上の情報が含まれているという量的な側面である。つまり，ある一定の情報のかたまりというか，集合というべきものがつめこまれていることであり，“パック情報”という考え方が重要である。

たとえば，主に投資家向けにつくられている『会社四季報』(東洋経済新報社)，『日経会社情報』(日本経済新聞社）は，わが国の株式市場に上場している大企業に関する情報をきわめてコンパクトに加工して，つめこんでいる。**表4－1**，**表4－2**はその事例であるが，それからどのくらいの情報の量を得られるのであろうか。

これに対して，株主向けに配布される営業報告書は小冊子であり，文字情報と数値情報からなっており，上述のものよりも量的には多くなっている。さらに，大規模な株式会社が公認会計士の監査を経て内閣総理大臣に提出しなければならない有価証券報告書は市販されており，当該企業の全般的な状況について，より詳細な情報を提供している。しかし，会計や財務などの知識がないと，これらの豊富な情報を活用することはできない。

また，ＣＳＲやコーポレート・ガバナンスが重視されているなかで定期的に

***• One Point Lesson***

### だれでも起業ができる時代

インターネットに接続できるパソコンがあれば，生活者は自宅で起業し，ビジネスをスタートさせることができます。自分でつくった手作りの小物や雑貨をホームページにアップすればネットショップを開業できます。ところで，メルカリの場合，生活者の膨大な出品により，巨大なフリーマーケット（フリマ）をつくりあげています。同社は，生活者個人にとっての不要品を“有用品”に変えるビジネスを展開しているのです。

表4－1　パックされた企業情報の例（楽天）

【サービス】

4755 楽天（らくてん）

【決算】12月　【設立】1997.2　【上場】2000.4

【特色】ネット通販で国内双璧。金融、旅行など総合路線。社内英語公用化。19年に携帯電話事業参入へ

【連結事業】インターネットサービス66(12)、FinTech34(19)【海外】20　〈18・12〉

【反　落】EC流通総額増に伴い、カード決済手数料収入伸長。期初に投資事業で米リフト株評価益。が、4月からリフトは持分会社に。携帯事業立ち上げ、宣伝費膨らみ営業益反落。20年12月期もカード順調だが投資事業は大幅縮小公算、携帯関連費用重い。

【携帯事業】総務省が基地局設置の遅れを指導、当社から挽回計画提出。ECでは各加盟店で違った送料無料ラインを統一へ。

➡前号並み

| 年月【資本異動】 | | 万株 |
|---|---|---|
| 07. 4 | 交換 | 1,306 |
| 10.10 | 交換 | 1,316 |
| 12. 7 | 分1→100 | 132,006 |
| 15. 6 | 公9960万株（1905円） | 142,998 |

| 東証 | 高値 | 安値 |
|---|---|---|
| 00~17 | 70000000(00) | 641(12) |
| 18 | 1045(1) | 700(6) |
| 19.1~8 | 1313(6) | 710(1) |

| | 高値 | 安値 | 出来万株 |
|---|---|---|---|
| 19. 6 | **1313** | 1097 | 21,884 |
| 7 | 1296 | 1115 | 17,645 |
| #8 | 1123 | **926** | 17,031 |

【トップの実績】(会・社)三木谷浩史(2001.2)
時価総額11.83倍(1.15倍) 営業益一倍
【四半期進捗率】3期平均53.7%
今期－%(－pt)

【業種】他消費財小売り
時価総額順位 2／122社
【比較会社】4689 ヤフー，8570 イオンFS，6098 リクルトH

【株式】7/31 1,434,573千株
単位 100株 [貸借] [優待]
時価総額 13,685億円 [225]

【財務】〈◊19.6〉 百万円
総資産 8,035,876
自己資本 865,617
自己資本比率 10.8%
資本金 205,924
利益剰余金 517,666
有利子負債 1,509,199

【指標等】〈◊18.12〉
ROE 19.5% 予9.0%
ROA 1.9% 予1.0%
調整1株益 104.4円
最高純益(18.12) 142,282
設備投資 1,001億 予‥億
減価償却 724億 予‥億
研究開発 94億 予‥億

【キャッシュフロー】 億円
営業CF 1,456( 1,620)
投資CF ▲675(▲2,037)
財務CF 2,084( 1,944)
現金同等物 9,902( 7,008)

【株主】単206,442名〈19.6〉 万株
合同会社クリムゾングループ 22,641(15.7)
三木谷浩史 17,634(12.2)
三木谷晴子 13,262( 9.2)
自社(自己株口) 8,059( 5.6)
日本マスター信託口 5,043( 3.5)
日本トラスティ信託口 3,995( 2.7)
JPモルガン・チェース・バンク380055 3,135( 2.1)
ノーザン・トラスト(AVFC)ノントリーティー 2,315( 1.6)
日本トラスティ信託口7 1,765( 1.2)
日本TS信託口5 1,747( 1.2)
〈外国〉30.8% 〈浮動株〉 6.0%
〈投信〉 5.3% 〈特定株〉55.5%

【役 員】(会・社)三木谷浩史 (副会)穂坂雅之 (取)C. B. バクスター ⇨巻末

【連結】楽天カード，楽天ペイメント，楽天モバイル

| 【業績】(百万円) | 売上高 | 営業利益 | 税前利益 | 純利益 | 1株益(円) | 1株配(円) |
|---|---|---|---|---|---|---|
| ◊13.12 | 518,568 | 90,244 | 88,610 | 42,900 | 32.6 | 4記 |
| ◊14.12 | 598,565 | 106,397 | 104,245 | 70,614 | 53.5 | 4.5 |
| ◊15.12 | 713,555 | 94,689 | 91,987 | 44,436 | 32.3 | 4.5 |
| ◊16.12 | 781,916 | 77,977 | 73,923 | 37,995 | 26.7 | 4.5 |
| ◊17.12 | 944,474 | 149,344 | 138,082 | 110,585 | 80.0 | 4.5 |
| ◊18.12 | 1,101,480 | 170,425 | 165,423 | 142,282 | 105.4 | 4.5 |
| ◊19.12予 | 1,210,000 | 125,000 | 115,000 | 78,000 | 57.6 | 4.5 |
| ◊20.12予 | 1,290,000 | 55,000 | 45,000 | 30,600 | 22.6 | 4.5 |
| ◊19.1~6 | 586,644 | 111,895 | 110,254 | 100,249 | 74.1 | 0 |
| ◊20.1~6予 | 605,000 | 25,000 | 15,000 | 10,200 | 7.5 | 0 |

| 【配当】 | 配当金(円) |
|---|---|
| 14.12 | 4.5 |
| 15.12 | 4.5 |
| 16.12 | 4.5 |
| 17.12 | 4.5 |
| 18.12 | 4.5 |
| 19.12予 | 4.5 |
| 20.12予 | 4.5 |
| 予想配当利回り | 0.47% |
| 1株純資産(円)〈◊19. 6〉 | 639.3 (572.8) |

【本社】158-0094東京都世田谷区玉川1-14-1 楽天クリムゾンハウス ☎050-5581-6910
【大阪支社】大阪市北区中之島3-2-18住友中之島ビル【仙台支社】仙台市宮城野区名掛丁205-1広瀬通SEビル
【従業員】〈18.12〉連17,214名 単6,528名(34.4歳)年720万円
【証券】上東京 幹大和，三菱Uモル，Gサックス 名三井住友信 監EY新日本【銀行】みずほ，三井住友，三井住友信，三菱U，政策
【仕入先】－
【販売先】－

814

トスネット／楽天　　2019年4集

出所：東洋経済新報社『会社四季報』2019年4集（秋号）。

提供されるＣＳＲ報告書や環境報告書も有用である。さらに，企業がつくっているＨＰも定期的に入れ替え，最新情報をアップしている場合には当然のことながら有益である。

以上のものは，比較的新鮮度のある情報であるが，新聞，テレビなどと較べると，少し古い。企業が現在時点の内部情報をどのくらい提供してくれるかは，情報の企業経営に対する重要度によっても左右されるが，厳しい競争状況のなかで活動している企業から最新の重要度の高い文書化されたパック情報を入手することは現実にはむずかしい。

## 2　情報の加工度と経営学

膨大な数の実務書・ビジネス書　文書化された情報には，他にもいろいろなものがある。たとえば，書店に行くと実務書・ビジネス書を多くみつけだす

## 表4-2 パックされた企業情報の例（ホンダ）

【輸送用機器】 ➡前号並み

7267 ホンダ（登記社名 本田技研工業）

【決算】3月 【設立】1948.9 【上場】1957.12

【特色】4輪世界7位で北米が収益源。2輪は世界首位。環境対応を強化。世界6極体制。四半期配当

【連結事業】二輪13(14)、四輪70(2)、金融サービス15(10)、パワープロダクツ他2(▲3)【海外】〈1987・3〉

【上向く】4輪販売計画511万台（4％減）。4輪はインド急失速が痛手、北米はセダン減産が響くが、SUV販売は好調。下期に国内で新小型車、ベトナム2輪新型車が貢献。メキシコ災害影響なく、工場閉鎖費用減る。営業益上向く。連続増配。

【減 産】8月から米国オハイオ工場でアコード、シビック減産開始。低稼働のアルゼンチン工場は20年中に4輪生産終了へ。

| 年月 | 【資本異動】 | 万株 |
|---|---|---|
| 05. 1 | 交換 | 93,941 |
| 06. 3 | 交換 | 91,741 |
| 06. 4 | 交換 | 91,741 |
| 06. 7 | 分1→2 | 183,482 |
| 10. 8 | 消却 | 181,142 |

| 東証 | 高値 | 安値 |
|---|---|---|
| 57~17 | **8570**(06) | **130**(70) |
| 18 | 4151(1) | 2733(12) |
| 19.1~8 | 3290(1) | 2412(8) |

| | 高値 | 安値 | 出来万株 |
|---|---|---|---|
| 19. 6 | 2830.5 | 2610 | 6,984 |
| 7 | **2872.5** | 2707 | 7,234 |
| #8 | 2737.5 | **2412** | 7,999 |

【トップの実績】（社）八郷隆弘（2015.6）
時価総額0.58倍（0.89倍） 営業益1.08倍
【四半期進捗率】3期平均35.1％
今期32.8％（▲2.3pt）

【業種】自動車
時価総額順位 2／8社
【比較会社】7201 日産自動車, 7203 トヨタ自, 7269 スズキ

【株式】7/31 1,811,428千株
単位 100株 貸借 優待
時価総額 44,742億円 225
【財務】〈◊19.6〉 百万円
総資産 20,306,702
自己資本 8,247,040
自己資本比率 40.6％
資本金 86,067
利益剰余金 8,096,826
有利子負債 7,173,263
【指標等】〈◊19.3〉
ROE 7.5％ 予7.8％
ROA 3.0％ 予3.2％
調整1株益 ―円
最高純益（18.3）1,059,337
設備投資 4,265億 予4,900億
減価償却 4,503億 予4,200億
研究開発 8,200億 予8,600億
【キャッシュフロー】 億円
営業CF 7,759（ 9,876）
投資CF ▲5,775（▲6,151）
財務CF 229（▲1,743）
現金同等物 24,941（22,564）

【株主】㊤201,229名〈19.3〉 万株
日本トラスティ信託口 12,844（ 7.0）
日本マスター信託口 12,497（ 6.8）
SSBTC・クライアント・オムニバス・アカウント 5,899（ 3.2）
モクスレイ＆Co. 5,803（ 3.2）
明治安田生命保険 5,119（ 2.8）
自社（自己株口） 5,115（ 2.8）
日本トラスティ信託口9 4,693（ 2.5）
東京海上日動火災 3,546（ 1.9）
日本トラスティ信託口5 3,311（ 1.8）
三菱UFJ銀行 3,118（ 1.7）
〈外国〉37.5％ 〈浮動株〉 5.0％
〈投信〉 ‥％ 〈特定株〉34.2％
【役員】㊎神子柴寿昭 ㈳八郷隆弘 ㊓倉石誠司 ㊕山根庸史 竹内弘平 ⇨巻末
【連結】本田技術研究所, ホンダエンジニアリング, 米国ホンダ

| 【業績】(百万円) | 売上高 | 営業利益 | 税前利益 | 純利益 | 1株益(円) | 1株配(円) |
|---|---|---|---|---|---|---|
| ◊17. 3 | 13,999,200 | 840,711 | 1,006,986 | 616,569 | 342.1 | 92 |
| ◊18. 3 | 15,361,146 | 833,558 | 1,114,973 | 1,059,337 | 590.8 | 100 |
| ◊19. 3 | 15,888,617 | 726,370 | 979,375 | 610,316 | 346.0 | 111 |
| ◊20. 3予 | 15,650,000 | 770,000 | 995,000 | 645,000 | 366.6 | 112~116 |
| ◊21. 3予 | 16,000,000 | 790,000 | 1,010,000 | 665,000 | 377.9 | 112~122 |
| ◊18.4~9 | 7,865,845 | 513,858 | 641,324 | 455,101 | 257.4 | 55 |
| ◊19.4~9予 | 7,900,000 | 460,000 | 640,000 | 420,000 | 238.7 | 56~57 |
| ◊18.4~6 | 4,024,133 | 299,383 | 358,282 | 244,330 | 137.8 | |
| ◊19.4~6 | 3,996,253 | 252,469 | 289,811 | 172,302 | 97.9 | |
| 会20. 3予 | 15,650,000 | 770,000 | 995,000 | 645,000 | （19.8.2発表） | |

| 【配当】 | 配当金(円) |
|---|---|
| 18.12 | 28 |
| 19. 3 | 28 |
| 19. 6 | 28 |
| 19. 9予 | 28~29 |
| 19.12予 | 28~29 |
| 20. 3予 | 28~30 |
| 20. 6予 | 28~30 |

予想配当利回り 4.53％
1株純資産(円)〈◊19. 6〉
4,687（4,699）

【本社】107-8556東京都港区南青山2-1-1
☎03-3423-1111
【工場】埼玉, 浜松, 鈴鹿, 熊本, 栃木
【従業員】〈19.3〉連219,722名 単22,675名（45.6歳）年819万円
【証券】上東京, NY 幹野村, 日興 名三井住友信 監あずさ
【銀行】三菱U, 三菱U信, 埼玉りそな, みずほ
【仕入先】―
【販売先】―

1348

今仙電／ホンダ　　2019年4集

出所：東洋経済新報社『会社四季報』2019年4集（秋号）。

ことができる。主に企業の経営や現場に関与している人びとを対象にした出版物であり，それには新鮮度も比較的高い多くの情報がつめこまれている。

経営者によって執筆された経験談やサクセス・ストーリーもあれば，マネジメント・コンサルタントや企業内の専門家が企業実践の改善や現場でのスキル向上を目指してまとめたものもある。さらに，「経済小説」といった企業ものの作品もある。

これらの実務書・ビジネス書のなかには，情報の加工度が低く，“分析”とか“論理”の比重が少ないものがある。それらは，企業の現実を語っており，企業経営とはどのようなものであるかを教えてくれているものの，多くの情報を一定の観点から整理したり，解釈することが少なく，生に近い情報になっている。

**加工度の高い情報――知識の創造**　これに対して情報の加工度が高いもの

に，研究者たちのつくる専門的な論文やそれを集めた専門書などがある。研究者は多様かつ複雑な情報を“分析”とか“論理”といわれるものにするために，一定の観点から整理したり，解釈する。そして，一定の観点をつくるために，科学的なコンセプトやモデル，あるいはフレームワーク（枠組み）を開発し，それにもとづき情報を評価したり，実際の企業で調査したりしている。

このように研究者は，「生の情報」をそのままの状態で取り扱うのではなく，以上のようなかたちで加工している。そして，このようにして加工された情報を“経営に関する知識”という。加工された情報とは，実際の個別企業の情報を多く収集し，それをもとにしてつくられている。しかし，知識はそれとは同じではなく，抽象化され，一般化されたものである。そして，それゆえにこそ知識は，情報を提供した企業以外の企業の経営や現場で働いている多くの人びとに対しても広く有益な示唆を与えることができる。

加工度が高いか，低いかによって情報を区別できるが，高い場合には情報の質が高く，これにあたるのが知識である。もっとも，専門的な単独の論文は情報の量が多いか，少ないかという側面からみると，少なく，これに対して論文集ともいうべき専門書は多くなる。

情報の質量マトリックス　　**表4－3**は，これまで述べてきた企業情報を質

***• One Point Lesson***

**家庭は豪華ホテルになってもいいのか**

第１章でも述べましたが，ビジネス化の進展と女性の社会進出・高齢社会の到来などによって，家庭向けのビジネスが種々登場してきています。それには各種の家電製品による便宜だけではなく，サービスの提供もみられます。本文でも触れましたが，家事代行サービス業が発展し，これを利用することで，家庭は快適なサービスをうけられるホテルになるのでしょうか。高齢であったり，病身であるなら，生活サービスをうけることが必要ですが，普通の健康な家庭の場合には豪華（ラグジュアリー）ホテルになることをどのように考えたらよいのでしょうか。

表4-3　情報の質量マトリックス

| 情報の次元 | | 情報の量 | |
|---|---|---|---|
| | | 少ない | 多い |
| 情報の質（加工度） | 高い | ③専門的論文やレポートなど | ④専門書(社史などをも含む)など |
| | 低い | ①新聞記事，四季報，ＨＰ，会社案内など | ②雑誌の特集記事，有価証券報告書，ＣＳＲ・環境報告書，企業もの（実務書・ビジネス書）など |

出所：筆者作成

と量というふたつの側面からまとめているモデルである。横軸に情報の量が多いか，少ないか，そして縦軸に情報の質（加工度）が高いか，低いかを示し，それらの組み合わせによって，情報源について４つのタイプに分類される。そして，表にはその事例と思われるものをあげている。

この単純なマトリックス（行列）・モデルによると，具体的には以下のタイプに分類されている。

①　情報の量は少なく，質（加工度）も低く，企業の実態を述べているにすぎないタイプ

②　情報の量は相対的に多いが，質は同じように低いタイプ

③　情報の量は少ないが，質（加工度）は高く，議論が抽象的であったり，理論性が強いタイプ

④　情報の量が多かったり，質が高くて，知識や学習がすすんでいないと理解しづらいタイプ

学習のためのルート選択　　この情報の質量マトリックス・モデルは，経営学の学習や研究のしかたに対してヒントを与えている。いうまでもないが，これらの４つのタイプの企業情報をすべて学習ないし研究することが必要であるとはいえ，経営学をはじめて学習してみようとしている人びとや企業で働いた経験のない人びとにとって，④という情報源からスタートすることはハードルが高く，明らかに困難がつきまとっている。

このような人びとの場合には，①とか②から出発し，理解や関心を深めつつ，③や④に進むコースをとるほうがよい。そして，そのほうが学習や研究を

有効に行うことができる。さらに，学習を進めて，③や④に行くことになる。これに対して，企業経験のある人びとや大学院生などは③や④から開始することができる。しかしながら，①とか②のタイプにも意を注ぐ必要は当然のことながらある。

## 3　経営学の学習

ふたつのタイプの知識　　経営学を学習したり，研究する場合，２種類の知識があることを知る必要がある。第１のタイプは，すでに述べてきたように企業情報のうち加工度の高いほうの情報を指している。そして，もうひとつは，知識といえないかもしれないが，企業や社会における経験やその蓄積から獲得できるものである。つまり，前者が「科学的な知識」であるとすれば，後者は「個人的な知識」といえるものである。

それでは，前者の科学的な知識の特徴をみていくと，この知識はだれでもしっかりと学習するならば，現実の企業で使用できるものである。もちろん，使用するときには当然のことながら適用しようとする企業の実態を調査し，どの知識を使えるかを検討しなければならないが，学習の成果はだれでも確実に生かすことができる。たとえば，経営戦略を立案したり，あるいは働く人びとを動機づけたり，人間関係を維持するための理論や技法は実際に使用することができる。

知識の長所と問題点　　知識は実際に使用できるのであり，知識がないことは現実の企業で仕事をする際には致命的である。知識をしっかり学習し，それを十分に生かせる人間は，企業内では「専門家」(スペシャリストやプロフェッショナルともいう）として評価される。つまり，仕事ができるということは知識をしっかり習得していることを示している。

しかしながら，知識のもっている問題点も考えておかねばならない。その主たるものは，学習されたものはある一定の水準に達すると，それ以上には発展しないことである。スポーツ選手が練習すると，あるレベルまでは熟達するものの，それ以上は能力が伸びないのと，それは似ている。その限界を打ち破るためには，新しい知識が創造されることが必要である。

環境変化に対応する知識の創造　　もうひとつの問題点は，現代のように企業の環境が変化する状況においては，すでに確立した知識のなかで陳腐化し，使用できないものが生じることである。これまでは使用できていたものが環境変化のために企業経営のほうが大きく変わってしまい，知識のほうが現実に適合しなくなる。

そこで，環境の変化に対応できるとか，逆に変化をつくりうる理論や技法などを開発しなければならない。いずれにせよ環境が変わり，そして企業が変わるのであるから，それに応じた知識の創造がもとめられている。

隣接科学の重要性　　このような知識の創造に関連して，経営学の学習や研究にとって隣接科学の方法や成果を利用することが非常に重要であることを指摘しなければならない。企業には資本，機械設備，原材料，情報，人的資源などの経営資源が投入され，合理的に組み合わせられるが，それぞれの経営資源はそれを単独でみても，いろいろな隣接科学の力を借りなければ，その学習や研究は困難なのである。たとえば人的資源については，心理学，社会学の力が大きいし，資本については会計学や経済学によるところが多い。

さらに，機械設備を考えると，それ自体は，工学の問題であり，業種によっては工学といっても主に依存する分野（機械，電子，情報など）は異なってこよう。また，機械設備を有効に稼働させるためには，経済学，数学や統計学などの力も必要となる。さらに，工場を建設し，機械設備を設置するとすれば，

• *One Point Lesson*

**ＢＣＰをつくろう！**

ＢＣＰ（Business Continuity Plan）とは，事業継続計画のことです。大震災などの緊急事態が発生して，企業活動がつづけられないとか，場合によって廃業せざるをえなくなることがあります。そこで，緊急事態を想定して，継続のために事前に対策を立てておくことが重要となり，ＢＣＰをつくる企業が増えてきました。

地域や環境との関係も考慮しなければならず，自然科学や社会科学にも力を借りる必要がある。

しかも，環境の変化にともない，経営資源のかかえる問題状況は変わっており，借りなければならない隣接科学の内容や分野も変わっている。機械設備のロボット化，メカトロニクス化，ＣＩＭ（コンピュータの支援による製造），部品共有化のためのモジュール化から，さらに，ＩｏＴとＡＩ化が進展しているから工学といっても従来とはちがったものに依存することになる。

また，ＩＴ化やＡＩ化の進展は，情報に関する技術の高度化であり，企業経営の方法だけでなく，オフィスの状況をも変えている。そして，そこで働く人間や技術の問題の解決には，これまでとは異なる隣接科学を必要としている。かつては初期のコンピュータ科学，前述した心理学や社会学に依存すればよかったが，現在では情報科学，人間工学，医学などの援助も必要としている。

経験のもつ偉大な意味　　知識のもうひとつは，個人的あるいは属人的なものであり，個人が企業や広く社会のなかでの数多くの経験から得られるものである。この知識は，当該の個人に属するところが多く，ある人が他人の成功体験を参考にして，それを使用しても，うまく使えない場合もある。つまり，しっかり学習すれば，だれでも活用できる科学的知識とは異なって，普遍性に欠けるのが，この個人的な知識の主な欠陥である。

このような欠陥があるものの，この知識は当該の個人にとっては大きな意味

• *One Point Lesson*

## 超経済大国・中国の時代

改革開放政策がスタートしてから，40年以上が経過して，中国はアメリカに並ぶ経済大国に成長しました。これにともない，日本もアメリカから中国へと経済関係が変化してきました。もっとも，アジアでは韓国，インド，ベトナムなどの経済発展や企業成長も注目されています。わたしたちは，アジアの人びとや企業と，どのように交流していかなければならないのでしょうか。

をもっている。経験によって得られる知識とは，具体的にはリーダーシップ，交渉力，企画力などの経営能力，高い目標とそれを実現するためのエネルギー，倫理観，ピンチを克服する力やアイデア，ストレス・コントロール力などであり，企業で活躍するためには是非とも必要な能力の開発に役立つものである。企業の経営では科学的な知識とともに，この知識の習得が不可欠なのである。

そして，この知識は経験を蓄積することによって，さらにいっそう発展する。それゆえ，多様な経験をつみかさねるならば，人間としての成長がいっそう可能となり，能力の伸長がはかられるのである。この能力は前述したスポーツ選手の場合とは異なって大きく成長していくものと考えたい。

経験と生活のバランス　経験の重要性を述べてきたが，経験は企業という職業を中心とした領域だけではなく，他の生活領域でも得られる。われわれは家庭生活，ＮＰＯでの活動，地域社会への参加，趣味やスポーツの仲間とのつきあい，余暇の活用や宿泊旅行といった他の生活領域でも多くの経験をしており，それらの経験もきわめて意味がある。そこで，知識の習得や企業での経験だけを重視するのではなく，バランスのとれた生活を送ることも企業で働く人びとにとって大切なのである。

かつてのような貧しい時代には，企業での仕事や職業にウェイトをかけた生活を送ってきたが，豊かで便利になった成熟社会にあっては主要な生活領域のバランスをとることが重要であり，これはおそらくふたつの利点をもたらすであろう。

ひとつには，バランスのとれた生活，つまり「ワーク・ライフ・バランス」は企業で働く人びとを生き生きとさせるから，企業に活力や創造性を与えることができることである。そして，バランスのとれた生活ぶりを大切にすることは企業経営についての考え方を変えさせるであろう。かつての利益，売上高，あるいは能率向上といった経済的な目標とは異なる人間の生活の本来の豊かさ，ＣＳＲ，環境，革新性といったものも重視させるものになると思われる。

## *Key Word*

**大学における経営学教育**：わが国では経営学部，商学部，経済学部，あるいは工学部，それらの大学院などで経営学を学習できる。現在では，経営情報学部，国際経営学部，総合政策学部，地域マネジメント学部なども増設されており，同じように経営学を学習できる。また，短期大学，専門学校のなかではビジネス系，秘書系，情報管理系の中心的な科目のひとつとして経営学がある。要するに，経営学は「現代に生きる人びとの基礎的な必修科目」のひとつである。

**ＭＢＡ**：経営学修士（Master of Business Administration の略称）であり，アメリカでは日本とは異なって経営学部，商学部などのビジネス系の大学院修士課程（ビジネス・スクールという）を修了した人びとは，経営に関する実戦的・専門的な職業能力を有していると評価されている。日本でも 1990 年代以降，社会人を対象としたビジネス・スクールが発展し，ＭＢＡを養成している。

**メンタル・ヘルス**：健康にはふたつの面がある。ひとつは「フィジカル・ヘルス」であり，身体が病気ではなく，まさに健康であることである。これに対して，「メンタル・ヘルス」は心の健康で，ストレスや緊張感などによる心の病にかからないことである。企業で働く人びとはフィジカル・ヘルスだけでなく，メンタル・ヘルスに留意しなければならない。企業には「健康経営」などの支援がもとめられている。

## *Let's Try*

**問題 1**

ヒアリングやＨＰなどによって，ある企業（外国企業を含む）の情報を収集し，できるならばレポートをまとめてみて下さい。

**問題 2**

情報の質量マトリックスを使用した場合，あなたの学習ルートはどのようになると思いますか。具体的に考えて下さい。

### 問題3

国内・国外を問わず経営者の書いた本を読み，その人間の経験からおもしろいと思う点があるならば要約してみて下さい。

### 問題4

（表4－1）と（表4－2）の情報を読んで楽天とホンダの会社紹介をつくって下さい。

## 1頁教室

### 会社四季報のコンテンツ

# 四季報を12ブロックで読み解く

どんな会社(❶, ❷)を誰が所有し(❼), 誰が経営を任され(❽), 短期・中期業績はどうなのか(❸, ❹), 前号比で利益をどれくらい修正しているか(❺), 配当はいくらなのか(❻), 安全なのか(❾), 株式市場はどう見ているのか(❿, ⓫), 株価は割安なのか, 割高なのか(⓬)。

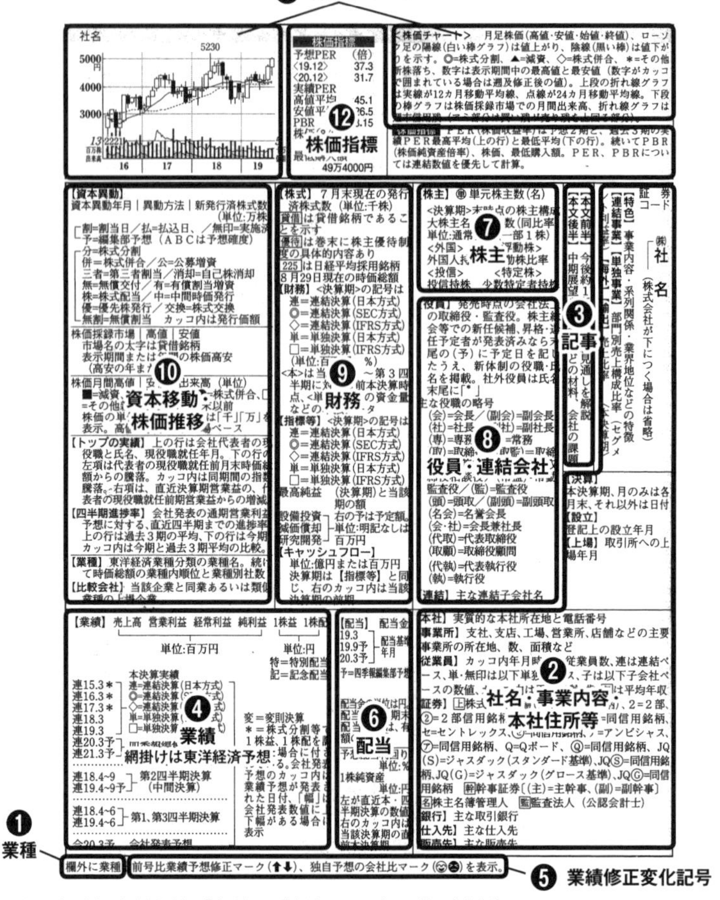


出所：東洋経済新報社『会社四季報』2019年4集（秋号）。

# 第Ⅱ部

# 企業の骨格がわかる

## ―企業の構造―

# 第5章　経営者の仕事を学ぶ

本章では企業活動において重要な役割を果たしている経営者や管理者，つまりマネジャーがどのような仕事を遂行しているかを明らかにする。企業を動かしているマネジャーの仕事が経営（マネジメント）であり，この仕事を理解することはきわめて重要である。

## 1　経営の意味

経営学の中心的なテーマ　　経営者の関心についてはすでに第2章の図2-4で述べたが，経営者やそのもとで働く管理者はどのように仕事を行っているのであろうか，またどのような役割を果たさなければならないのであろうか。これについて，経営学は多くの主張や考え方を提示してきた。

たとえば，「経営学の父」であるアメリカ人のテイラーは生産部門や工場現場のマネジャーの役割は，まず従業員たちの遂行すべき仕事量（「タスク」といわれる）を計画し，これを割りあてることであるという。つまり，部下への

図5-1　テイラーの考えたマネジャーの役割

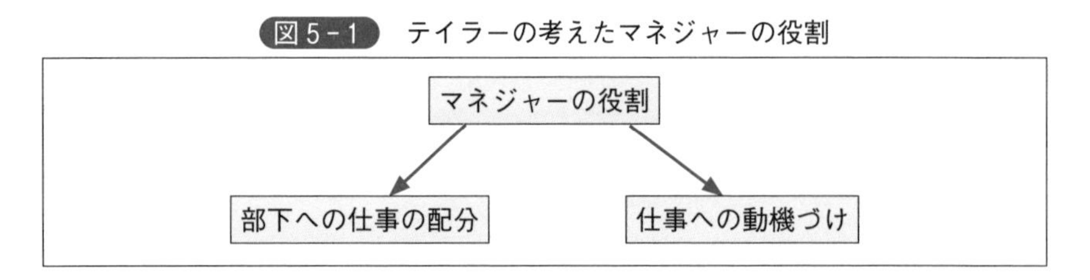

仕事の配分と明確な指示が主たる仕事と考えている。

そして，テイラーによると，この仕事に従業員を動機づけるためには，賃金が重要であるとし，業績によって賃金格差が生じる能力主義の賃金制度を開発している。仕事を指示しても従業員がそれをしっかりとうけとめてくれるとはかぎらないとし，賃金によって仕事に動機づけることを重視した。

**ファヨールによる過程分析**　やはり経営学のパイオニアとなったフランス人のファヨールは，経営者やそのもとで働く管理者の行う経営（マネジメント）という仕事をいち早く体系的に分析している。彼の分析は，経営を「過程（プロセス）」と把握する点に特徴があり，マネジャーの仕事はひとつの流れ（フロー）をなしているのである。

それでは，経営は，どのような流れをなしているのであろうか。**図5-2**に示されるように，それは，計画化からスタートして，つぎに組織化の仕事を行い，それから命令，調整そして評価の仕事で終わるという。

① 計画化（または予測）——経営者の最初の活動は，情報収集（調査）とそれにもとづく意思決定（予測）である。経営者であれば，企業全体の目標とか，方向性を決めることであり，現代企業にとっては環境適応の経営戦略や年次の経営計画の立案が，重要になる。

② 組織化——つぎに計画化の達成に必要な経営資源を用意し，達成にむけて，これらを秩序づける。ファヨールは技術システムともいわれる物的組織（機械設備，原材料，工場など）ではなく，人的組織の形成（組織図）を中心に組織化をもっぱらイメージしている（第6章の1参照）。そして，

**図5-2**　経営の過程（プロセス）

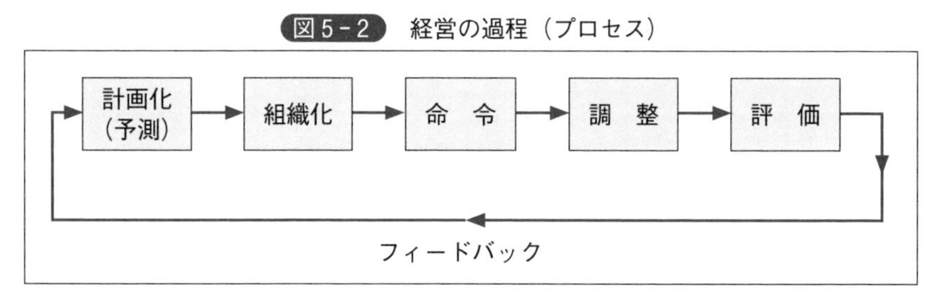

組織化は，組織の構造をつくるだけでなく，そこに適任の人的資源を配置する（人員配置，要員化）までの活動が含まれている。

③　命令——ハードの組織がつくられ，人間が配置されても，組織はまだ活動していない静止の状態である。この状態を計画化の達成にむけて活動させていくために，経営者は部下に対して命令をくだすのである。経営者の命令は管理者を経て従業員に伝達され，それをうけて仕事を行うことになる。現代の企業では強制力や高圧的なイメージの命令よりも，部下から仕事への協力を得るためのリーダーシップ（指揮）の発揮，働く人びとがもとめているニーズや動機づけへの配慮，職場内のコミュニケーションの円滑化などの考え方のほうが大切になっている。

④　調整——命令によって計画化の実現にむけて組織やその構成要素となる部門が動きだすが，製造部門，販売部門，研究開発部門などの部門内部や，それらの部門間の活動の進行は，バラバラであってはならず，バランスのとれたものにコーディネートしなければならない。

⑤　評価——経営者の最後の仕事は，意思決定がどのくらい実現されたかを検討し，評価することである。計画された目標や方向性の達成度をチェックし，とくに達成度が満足のいくものでない場合には，その原因を究明し，評価しなければならない。この評価活動は，新しい計画をつくる際の基礎となり，評価内容の情報はそのためにフィードバック（さしもど）されるので，しっかりと行う必要がある。

***• One Point Lesson***

### 「代表」とはあいさつができること！

代表するという仕事がマネジャーにもとめられます。会社や職場を代表するこの仕事の事例のひとつは，あいさつを行うことであり，代表者としてしっかりあいさつができなければなりません。できないと，社内だけでなく，外部からの評判を落とすことになり，企業経営にダメージを与えてしまいます！

現代の企業や組織体においては，ＰＤＣＡ（Plan, Do, Check, Action）のサイクルを動かして仕事を行うべきといわれているが，この考えの原型をつくったのは，ファヨールである。

革新などの役割　　ファヨールのいう５つの活動は，それぞれが単独でも経営者や管理者の主たる仕事であるともみられてきた。そこで，「計画化（意思決定や経営戦略）」を中心にして経営者の仕事をイメージしたり，あるいは「命令（動機づけやリーダーシップなど）」で把握しようとする主張もある。また，大企業では事業部や部門内外の「調整（コーディネート）」が重要であるという主張もある。

しかし，これらだけでなく，別の役割も主張されてきた。たとえば，「代表」という職能がある。これは経営者は企業の代表者になることを意味し，管理者であれば自分の担当職場を代表して活動することである。また，種々の利害関係集団（ステイクホルダー）と「交渉」することに経営者の仕事をみる見解もある。さらに，環境変化のなかで活動する経営者は適応するだけでなく，新しさや創造性をもとめていくクリエイトが大切であるとし，「革新」（イノベーション）や「変革」を重視する人びとも多い。

なお，経営者がどのような資質や能力をもたなければならないかについても，多くのことが明らかにされてきた。マネジャーには勇気，実行力，強い信念，慎重さ，誠実さと倫理の遵守，基本への忠実さと柔軟な思考，知識と変化の認知能力，人間関係をつくる能力，健康などが必要であるという。

経営者は自社のことは知っている。しかし，経験や実務は豊富でも，経営の知識を知らない人も多い。そこで，みずから学ぶという自己啓発の姿勢が経営者にもとめられている。

## 2　マネジャーの働いている“場”

場の意味　　ファヨールによるとマネジャーつまり経営者も管理者も前述した過程にもとづいて仕事をするならば，能率的かつ効率的に経営を行い，企業の目的を達成することができると考えた。そして，経営者と管理者のちがいは経営者の場合には経営という仕事のウェイトが大きく，組織の階層が下方に行くにつれてこの仕事が減少し，代わって従業員の行っているのと同じ仕事が増加するという（本章の ***Key Word*** 参照）。つまり，経営者も管理者も経営については同じように活動しているが，量的に多いか，少ないかであるという。

しかしながら，実際にはマネジャーといっても，かなり異なった「場」で仕事をしている。そして，この「場」のちがいによって，マネジャーにもとめられる役割にもちがいが生じているように思われる。

階層要因の考慮　場の主なものに，階層がある。スモール・ビジネスの場合には，ありえないが（第6章の1も参照），大企業であれば，トップ・マネジメントともいわれる経営者（社長，重役，取締役など）のもとに，ミドル・マネジメント（部長，課長），ロワー・マネジメント（係長，主任，職長，グループ・リーダーなど）が位置している（図5－3）。

そこで，経営者と課長や係長とでは場がちがうので，仕事の質は明らかにちがうのである。経営者の仕事が全社的な観点で行われるのに対して，管理者のそれは担当分野が狭く規定されている。つまり，企業というシステムを全体的にみる経営者に対して，全体をつくりあげている構成要素の一部を取り扱うのが管理者である。

また，経営者にとっても部下を動機づけることは重要であるが，自分の職場

図5－3　大企業のマネジメントの階層

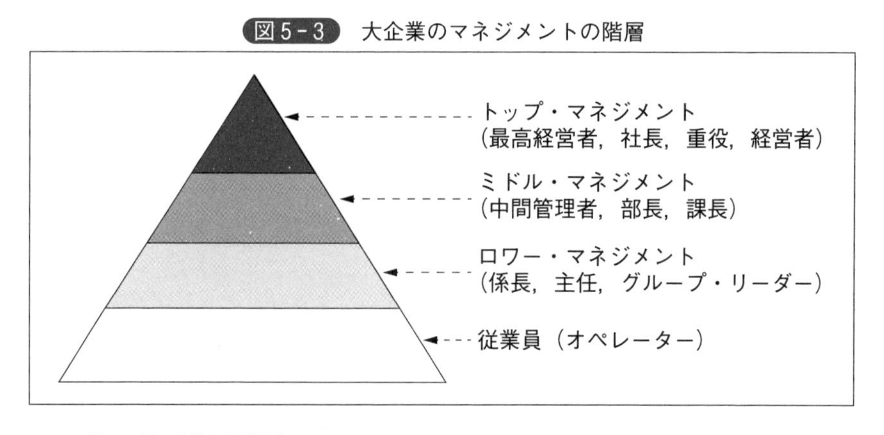

をつかさどる管理者にとっては，この仕事こそが中心になっている。他方，経営者にとっては計画化という仕事のほうが重要で，はげしい環境変化のなかで自社の目標を決定することが大切である。

職能部門による制約　「場」については階層とならんで，マネジャーが活動している職能部門を考える必要がある。製造部門のマネジャーは製造の技術や工程を熟知しているだけでなく，部下の管理に多くの時間をさかなければならない。部下へのリーダーシップの行使，職場内の人間関係の維持，作業環境の改善などに意を注ぐ必要がある。

これに対して，販売部門担当のマネジャーは，製造部門とのコンタクトだけでなく，外部の顧客と直接に接触して，自社の製品やサービスの販売に努力しなければならず，交渉の仕事が大きなウェイトを占めることになる。そして，社外とのコミュニケーションに時間をさくことが多く，超過勤務や社外での活動が多くなる。

また，研究開発（リサーチ・アンド・ディベロップメント，R＆D）部門のマネジャーは研究テーマの選択と研究プロジェクトの遂行だけでなく，高度な能力をもつ研究者の採用と動機づけにも関心を払っている。さらに，財務担当のマネジャーは自社の経営的なパフォーマンス（業績），つまり財務データやそれに影響を及ぼす各種の環境情報を収集し，分析し，第２章で述べた「統制の機構」を生かすことになる。

このような職能部門の相違からマネジャーに期待される役割にちがいが生じるであろう。そして，これに関連して，職能部門にはそれぞれ独特の文化がつくられている。ここでいう職能部門の文化とは，それぞれの部門に特有のものの考え方とか，仕事のやり方を意味しており，同じ企業のなかでも異なった文化が支配している。そこで，経営者はこのような文化の対立をできるだけ解決し，調整しなければならない。

業種との関連性　業種という「場」との関連も考えなければならない。製造業と流通業の経営者との間には，前述した製造部門と販売部門のマネジャーと同じような相違がある。また，流通業といっても卸売業と小売業との間には文化のちがいがある。両者にはともに売りこみの文化が支配しているとはいえ，最終消費者にアプローチしている小売業は，卸売業とちがって，広告や商品陳列などに配慮しなければならない。

もっとも，小売業においては各種の業態が存在し，それぞれが異なった方法でセールスしており，現在ではネット販売など店舗をもたない業態も急成長している。製品やサービスを販売することを重視する点では同じ文化をもっているが，販売の方法がちがうために異なる文化をもっていると考えられる。

## 3　経営理念の制定

ビジョンづくりの担い手　　経営者は企業の目指すビジョンをつくり，社内外にアピールしなければならない。ビジョンとしての経営理念は企業の創立者が考えた創業の精神に典型的に示されており，経営者が交替しても基本的に維持されることが多く，経営を行う際の精神とか，心構えのことである。

そして，経営理念には，全体的な目標や方向性，それを実現するための方法や考え方も含まれている。もっとも，環境の激動期には，それにあわせるように経営理念は変更されることになる。

日本の企業には“社是”，“社訓”，“社憲”，“信条”，“綱領”，“方針”などがあり，これらは経営理念といってよい。スモール・ビジネスでは経営者が口頭で従業員に対して経営理念を伝えることができるが，大きくなると，成文化し，企業内外に有効に伝達し，浸透させることがもとめられている。

**表5－1**は，経営理念の事例である。これをみてもわかるが，経営理念は比較的抽象的な表明（ステートメント）である。そして，経営者の考える企業のあるべきすがた，理想像を示しており，こうなりたいとか，こうすべきであるという価値的かつ規範的な表明になっている。要するに，それは経営者がみずからの企業に対していだくビジョンや願望なのである。そして，経営者は経営理念をもつことで，力強い信念のある経営を行うことができるようになる。

社内外への浸透と定着　　経営者は制定した経営理念を社内に浸透させようとする。つくっただけであれば，それは“絵にかいたモチ”にすぎない。社屋

**表5-1** ニッパツ（日本発条㈱）の経営理念の事例

| グローバルな視野に立ち，常に新しい考え方と行動で企業の成長をめざすとともに，魅力ある企業集団の実現を通じて，豊かな社会の発展に貢献する。 |
|---|

や工場，オフィス，営業所などで目につくところに経営理念を掲示したり，社内ポスター，ＨＰや社内報などに必ず載せるとか，朝礼での上司の挨拶や教育訓練プログラムにおいて，自社の経営理念を企業で働く人びとに対して伝え，教えこむ努力を行っている。

そして，社内だけでなく，社会やステイクホルダーにも，自社のビジョンを広く知らしめる必要がある。それは，製品やサービスの広告，販売促進だけでなく，企業自体の存在意義と特徴を売りこむものになっている。

ＣＩ（コーポレート・アイデンティティ）は，統一された企業イメージをつくるためのイメージ戦略であり，企業自体を売りこむ企業広告である。ＣＩの構成要素のなかに，シンボルマークやシンボルカラーなどのほかにキャッチフレーズとかスローガンがある。

このキャッチフレーズとは，なにを意味しているのであろうか。それは抽象的な経営理念をだれにでも容易に理解できるようにシンボル的な言葉で要約したものである。"Lead the Value" の三井住友フィナンシャルグループ，"Afresh（あなたに，あたらしく）" の横浜銀行，"モビリティ・カンパニー（車を使って未来をどこまでも楽しくする）" のトヨタ自動車，"世界中で挑戦

• *One Point Lesson*

**あなたの大学の校訓はどのようなものですか**

大学にも設立者のビジョンがあり，それは校訓などといわれてきました。近年は時代にあわせたものにする大学もあるようです。あなたの大学の校訓とはどのようなものでしょうか。校訓が浸透すると，"校風" とか "大学のカラー" というものができてきます。

と創造”の三井物産，インスタント・ラーメンの大量生産を実現した“食創為世”の日清食品，“More Challenges”の三菱商事などは，その代表的な例である。

経営文化の形成　　経営理念がステイクホルダーに浸透し，そのようにイメージされるようになれば，彼らから信頼や支持を得ることができる。それは，企業の存続や発展にかかわっており，きわめて重要なことである。

しかしながら，社内への浸透・定着も重要である。社内の場合，企業で働く人びとが経営理念を承認し，それにしたがって意思決定したり，活動できるようになることを意味している。つまり，部下たちが経営者のいだくビジョンに同意し，たがいに共有しあうことで，部下たちの意思決定や活動に対して一定の方向づけが与えられ，全員が一丸になって同じように仕事をできるようになる。

そして，共有される経営理念が他社と比較してユニークなものであるならば，それはその企業の経営文化とか組織文化となる。経営文化は企業の性格や個性を生みだす源泉であり，“社風”とか“会社のカラー”ともいわれる。変化の時代には，現状打破にむけて革新や創造性（クリエイト）の文化，個尊重と異質性・多様性を重視する文化などがもとめられている。

経営理念のつくり直し　　環境変化の激しい状況にあっては，全社的な企業目標を決めることは困難である。しかし，そのような状況にこそ，経営者は経営理念をつくり直して，働く人びとに提示し，変化を乗り切っていかなければならない。経営者は，このむずかしい作業に勇気と創造性を発揮して挑戦していくことになる。

変化はおおむねそれぞれの現場で発生する。大企業の経営者であれば，そのような現場の変化を実感することはできない。そして，この変化は担当する仕事の変化を意味し，それぞれの現場はそれまでとは異なった仕事の方法をもとめられるし，経営者もこの新しい仕事の方法をことこまかくさし示すことはできない。このような場合，働く人びとは経営者がつくり直した経営理念を自分たちなりに解釈して変化に対応していくことになる。

図5－4　経営理念と経営戦略の関連性

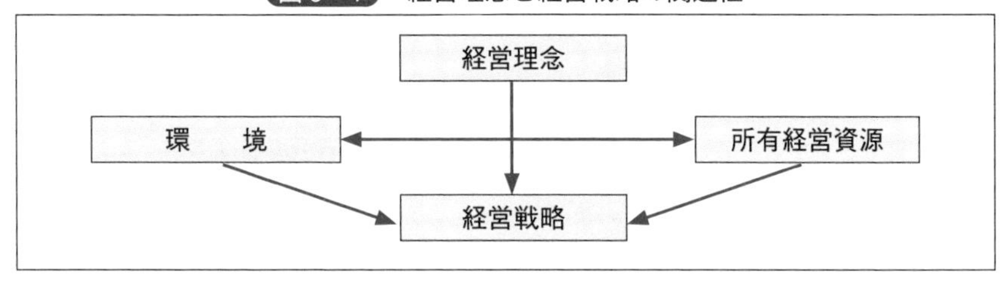


経営戦略の制約要因としての経営理念　　経営理念とならんで，企業全体の目標を示すものに第9章で述べる経営戦略がある。経営理念は企業をとりまく環境条件や自社の経営資源の状況を考慮することなく策定されるのに対して，経営戦略は経営理念の実現にむけて，第11章，第12章で取り扱う環境の変化や経営資源を検討・予測して導出される具体的な目標である（図5－4を参照）。

要するに，経営理念は，環境や経営資源の吟味を媒介しつつ，経営戦略の枠組みや大枠を決めていくことになる。もっとも，環境変化と経営資源の制約がきびしくなると，経営戦略と経営理念との間のギャップが大きくなり，明らかに両者が別の方向性を示すようになるとすれば，整合性の観点から現実的な目標である経営戦略のほうが経営理念を制約し，変更を迫ることになる。

## 4　人的資源の活用と育成

“企業は人なり”　　この言葉は企業経営にとって人的資源つまりヒューマン・リソースの活用と育成が重要であることを示している。

そこで，働く人びとへの動機づけやリーダーシップという仕事が経営者や管理者にとって重要となる。そして，その前提として，人間のもっている基本的な欲求を理解することが大切である。

欲求の体系　　図5－5は，マズロー（A. Maslow）の著名な欲求の階層（または段階）説を図示している。

もっとも基本的なものは，底辺の「生理的な欲求」であり，生存を維持するためには食べたり，水を飲まなければならず，これを満たそうとする欲求であ

図5-5　マズローの欲求の階層（段階）説

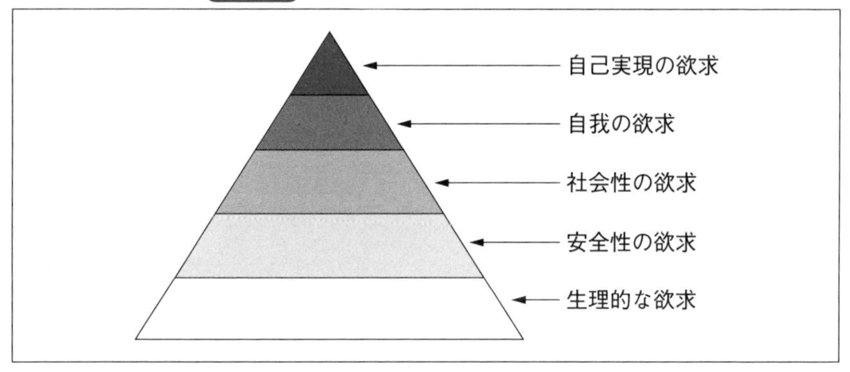


る。人間はこの欲求が満たされると，つぎに危険を避け，安全性をもとめようとする。つまり，生理的な欲求の上にある「安全性の欲求」である。

そして，第3の欲求として「社会性の欲求」がある。これは人間関係を大切にしたいとか，他人との接触とか，交流をもとめる欲求であり，安全性の欲求の上にある。この欲求が満たされるようになると，「自我の欲求」とか，「自己実現」といったより高次の欲求を人間は充足しようとする。プライドをもちたいとか，他人から認められたいと思うのが，自我の欲求である。これが満たされると，人間は自分がなりたいと思うものをもとめていく「自己実現の欲求」とか，自己の完成に向かうという。

欲求充足のための誘因と多様性　　マズローの見解には，人間の欲求をこの

***• One Point Lesson***

## 動機づけ要因としての顧客からの感謝

動機づけは企業内部だけの問題ではないかもしれません。上司だけでなく，製品やサービスの利用者である顧客や消費者から良い評価を得たり，ほめてもらうことが仕事への「やる気」を決定的に高めるものでしょう。動機づけには顧客や消費者からの支持，つまり“ありがとう”という感謝の言葉がきわめて大事なのです。

**表5-2** 誘因の諸形態

| 欲求のタイプ | 欲求に対応する誘因例 |
| --- | --- |
| 生理的な欲求や安全性の欲求 | 高い賃金・ボーナスや良好な労働条件（労働時間，休暇や週休二日制，危険をともなわない安全で衛生的な職場や作業，工場やオフィスのレイアウトの改善，企業内福祉施設の充足など） |
| 社会性の欲求 | 人間関係や，職場単位を司る上司の指揮や監督（リーダーシップ）のスタイル |
| 自我の欲求や自己実現の欲求 | やりがいのある責任の配分，働きがいを感じる仕事のデザイン，達成感の重視・達成の評価 |

ように分類するのは妥当であるのか，はたして欲求は階層をなしているのか，などの疑問がある。しかし，企業で働く人びとの欲求を把握し，それを充足させる必要がある。充足のために提供される主な誘因（インセンティブ）は，**表5-2**のようになる。

マネジャーは働く人びとを観察し，彼らの欲求にあった誘因つまり動機づけを提供しなければならない。これに関連して，現代の企業では第2章でも述べた人的資源の多様性（ダイバーシティ）の視点も考慮する必要がある。いろいろな人びとが同じ企業，職場内で働いている。そして，グローバル企業にとっては，多様性はさらに大きくなっている。いうまでもないが，非正規社員の増加や各種ハラスメントなどによる人権無視をしてはならない。

## *Key Word*

**経営（マネジメント）の移転可能性**：ファヨールによるとマネジャーの行う仕事はすべてが経営ではないが，階層を上方にいくとか，規模が大きくなると，マネジャーの仕事に占める経営のウェイトが高まるという。他方，階層を下方にいくとか，規模の小さい企業のマネジャーの場合には非経営的な仕事（製造，営業，財務など）のウェイトが高まるという（つぎの2つの表参照）。彼によると，経営の仕事はだれが行っても同じ過程になるから，大企業の経営者は業種がちがう他の大企業に移っても十分に仕事ができることになる。これを称して「移転可能性」という。

### 工業企業における人員の各種必須能力の相対的重要性
### 大規模企業における技術職能の人員

| 担当者の種類 | 能力 経営 | 技術 | 商業 | 財務 | 保全 | 会計 | 全体価値 |
|---|---|---|---|---|---|---|---|
| 大規模企業 | | | | | | | |
| 労務者……… | 5 | 85 | 0 | 0 | 5 | 5 | 100(a) |
| 職長……… | 15 | 60 | 5 | 0 | 10 | 10 | 100(b) |
| 現場責任者……… | 25 | 45 | 5 | 0 | 10 | 15 | 100(c) |
| 各課責任者……… | 30 | 30 | 5 | 5 | 10 | 20 | 100(d) |
| 技術職能部門責任者……… | 35 | 30 | 10 | 5 | 10 | 10 | 100(e) |
| 経営者……… | 40 | 15 | 15 | 10 | 10 | 10 | 100(f) |
| 若干の結合企業 | | | | | | | |
| 全般経営者……… | 50 | 10 | 10 | 10 | 10 | 10 | 100(g) |
| 国有企業 | | | | | | | |
| 大臣……… | 50 | 10 | 10 | 10 | 10 | 10 | 100(h) |
| 国家元首……… | 60 | 8 | 8 | 8 | 8 | 8 | 100(i) |

### 各種規模別産業企業の責任者

| 責任者の種類 | 能力 経営 | 技術 | 商業 | 財務 | 保全 | 会計 | 全体価値 |
|---|---|---|---|---|---|---|---|
| 個人企業……… | 15 | 40 | 20 | 10 | 5 | 10 | 100(m) |
| 小企業……… | 25 | 30 | 15 | 10 | 10 | 10 | 100(n) |
| 中企業……… | 30 | 25 | 15 | 10 | 10 | 10 | 100(o) |
| 大企業……… | 40 | 15 | 15 | 10 | 10 | 10 | 100(p) |
| きわめて大きな企業……… | 50 | 10 | 10 | 10 | 10 | 10 | 100(q) |
| 国有企業……… | 60 | 8 | 8 | 8 | 8 | 8 | 100(r) |

出所：H. ファヨール著，都築栄訳『産業並びに一般の管理』13頁と15頁。

マネジャー：広義の概念であり，社長から従業員と接触して仕事をしている管理職までを含んでいる。もっとも，経営者（取締役）などを示すものとして，ディレクター，オフィサーなどがある。

**差別的誘因**：バーナード（C. I. Barnard）が主張したもので，誘因は企業で働くそれぞれの人びとの貢献や成果にみあうものでなければならないという。これによると，よく仕事をしても，あまり仕事をしなくても，同じ誘因を与えることはできないことになる。

## Let's Try

**問題 1**

本文を参考にして，経営者の役割についてのあなたのイメージをまとめてみて下さい。

**問題 2**

あなたの関心のある企業の経営理念や経営文化の特徴について分析し，あわせて 21 世紀を生きる企業のキャッチフレーズを考えてみて下さい。

**問題 3**

オフィスで働く女性，情報システムや研究開発に従事する人びと，パート・タイマーなどの欲求構造とそれに対応する誘因について検討してみて下さい。

**問題 4**

大震災のような緊急事態が発生した場合，どのような経営がもとめられるのでしょうか。本文 55 頁のＢＣＰを学習して，リスク対応型の経営のあり方を考えて下さい。

**問題 5**

あなたの日常生活ではＰＤＣＡのサイクルは実際どのくらい動いているか考えてみて下さい。

1頁教室

## 社長の地位はむずかしい！

社長の地位に到達するのは，そんなに容易なことではありません。大規模な企業の場合には，働いている人間は多く，組織の階層も少なくないですから，短期間に昇進――「プロモーション」という――することは多くないです。仕事ができれば，昇進して，社長になれるかというと，そういうものでもないのです。仕事ができることは大切ですが，それだけで昇進するわけではありません。

年齢的に近い人間が社長になっていれば，ほぼ可能性がありません。また，仕事ができても，現在の経営陣との人間関係やコミュニケーションがうまくとれていなければ，社長になる確率は低くなります。まして社長批判などを行っているとすれば，可能性は低く，自分が望まない人事異動を強いられるかもしれません。どうしても大規模な企業では，平常時には自分に似ている人間を後継者に指名することが多いでしょう。

それではスモール・ビジネスでは社長の地位を獲得できるのでしょうか。スモール・ビジネスの場合，第 6 章で述べますが所有と経営が結合し，企業のオーナー（所有者）がいますので，オーナーか一族から社長が選抜され，なかなか一族以外から社長になるケースは少ないでしょう。そして，業績が悪化すると，親企業や支配的な取引業者から社長が派遣されるとか，経営能力のある社内人材や外部人材が社長の地位につくことになります。

ところで，社長となり，すぐれた経営者といわれた人間でも在任期間が長くなると，問題がでてきます。業績をあげた社長は，過信の状態になって失敗することも多いといわれます。変化の時代には過去の成功に自信をもちすぎるのは禁物で，「名経営者，失敗する」という言葉があります。経営は成功と失敗のミックスであり，すぐれた経営者といっても，成功のウェイトが結果として多かっただけのことです。

また，在任期間が長くなると，行政組織の長の場合も同じですが，どうしても“とりまき”のような人びとが孤独な存在としての社長の周辺にあらわれてきます。社長自身も部下を公平に取り扱うことができなくなり，社長にとって大切な“イヤ”なことをいってくれる部下を遠ざけたり，そのような部下がいなくなってしまうものです。このような状況になると，企業は危機的になります。いつまで社長の地位にとどまるのか，どのようなときに社長の地位から離れたらよいのか，これは実に悩ましい判断です。

# 第6章　企業の仕組みを学ぶ

本章では企業の仕組みである，企業内部の基本的な構造を明らかにする。この構造について，所有，経営，労働，組織，ガバナンス（統治）などのコンセプトを中心に検討する。

## 1　企業における所有・経営と労働

1人企業の構造　　2，3名のパートナー（仲間）で設立することも多いが，企業の原型であり，出発点をなすのは，1人企業という個人企業である。ある個人が自分のもっている財産を提供して起業し，経営者になる。しかし，だれも雇用していないので，この人間は従業員としての役割も果たしている。つまり，この人はこの企業の所有者であり，同時に経営者であり，さらに従業員（オペレーター）でもある。

つまり，この人間は所有者（オーナーとか出資者）であるが，経営者と労働者の双方を兼ねている。機能的にいうと所有と経営，経営と労働は結合・一体化しており，所有，経営，労働（オペレーション）は，この人間のなかでは三位一体となっている（第1のステージ，図6-1）。1人企業でも機械設備，オフィスやIT機器があるので，物的な組織はある。しかし，1人企業であるから，人的組織はまだない。

従業員雇用の影響　　企業が発展し，1人企業の経営者が自分だけでは仕事をこなすことができなくなり，少数の従業員を雇用して，自分の担当してきた労働の部分を彼らに行ってもらうようになると，経営と労働の結合関係は破れてしまい，両者は分離する。もっとも，経営者も従業員も同じ仕事をかなり行っている「プレイヤー兼マネジャー」でもある。

経営者のもとに従業員が位置し，接触しているという構造に変化し，人的組織ができてくる。この第2のステージは図6-2のように示される。この小規模企業の段階でも所有と経営は結合したままである。

ところが，規模が拡大し，従業員数がさらに多くなり，30名，40名，50名以上になってくると，企業をつくった経営者は，直接にそれらの従業員を監督することができなくなる。この監督できなくなる限界を「統制の範囲」(span of control）というが，この限界を克服するために経営者は監督という仕事をみずからに代わって実施する管理者を雇用する。そこで，従業員はこの管理者を通じて間接的に監督されることになる（図6-3を参照)。

この管理者の配置によって，経営者と管理者は別の人びととなり，「経営内部の分離」が発生する。かくして，「経営と労働の分離」につづいて，経営内部の分離がみられることになる（中規模企業，第3のステージ)。

もっとも，この段階になると，経営者は経営という仕事を分担できるきわめ

図6-1　資本と経営，労働の結合（第1のステージ)

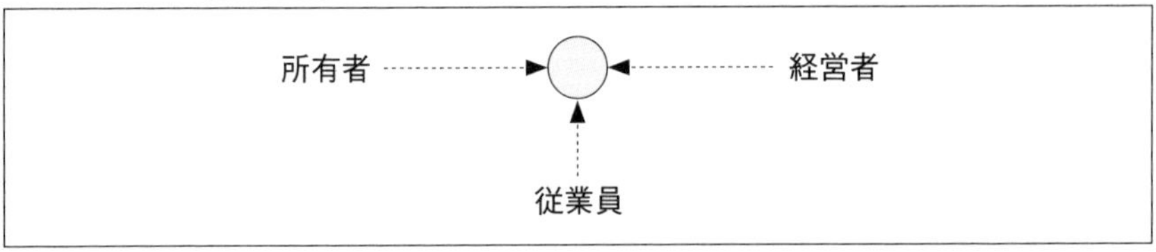

図6-2　資本と経営の結合，経営と労働の分離（第2のステージ)

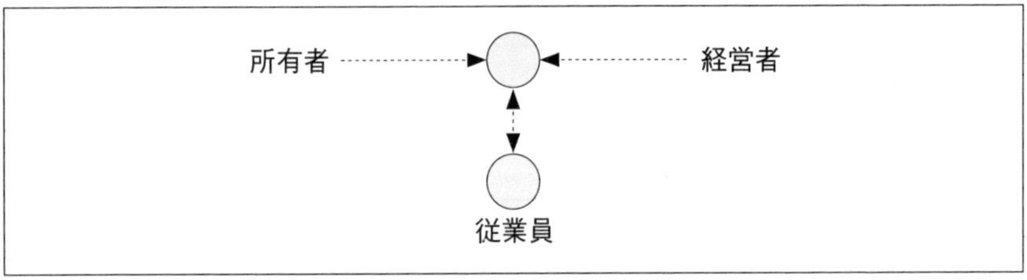

図6-3 管理者雇用の段階（第3のステージ）

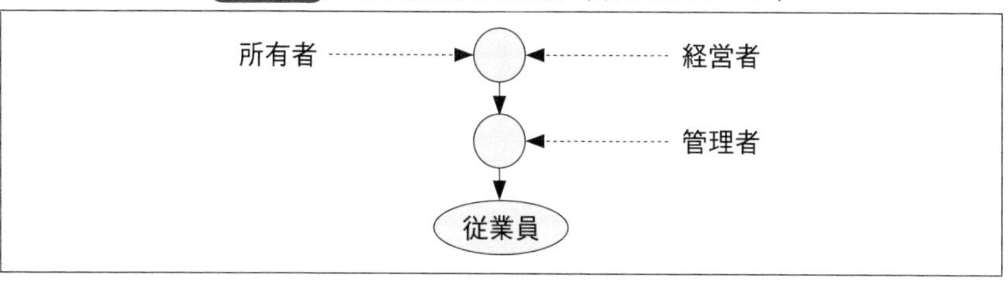


て少数のパートナー（仲間）を必要とするようになる。この場合，経営者の同族関係者や専門的な能力を有する信頼できる友人などが選ばれる。したがって，所有者の範囲が拡がっても，これらの人びとが含まれる程度であり，所有と経営は依然としてほぼ一体化したままである。

所有と経営の分離　企業の規模が拡大し，従業員数がさらに増加し，工場やオフィス，研究所のハード面における投資額が大きくなるにつれて，経営者は銀行などからの借入金に依存するだけでなく，出資者の増加を通じて資本金を大きくしなければならなくなる。他人資本となる負債（借入金）にのみ頼ることは企業の経営を危険に追いやるので，どうしても自己資本の増加が必要となる。

しかも，必要となる金額を少数の経営者グループでまかなうことができないとすれば，証券市場での自社株式の発行・売却を通じて，多くの株主からの資本参加を得ることになる。かくして，図6-4に示されるように，所有者が経営者になっている場合もあるが，単に資本を提供しているだけの場合もでてくる。別にいうと，所有者の多くは経営者である。しかし所有者ではないが，経営能力があるために昇進してきたとか，社外からスカウトされてきた経営者も登場してくる（比較的大規模な株式会社，第4のステージ）。

これによって，いわゆる「所有と経営の分離」がはじまる。そして，企業のいっそうの大規模化，巨大化によって，この所有と経営の分離は決定的になる。つまり，所有者であり，同時に経営者であるという“オーナー型経営者”の比率は少なくなり（図6-4の下段の円の青色部分を参照），所有者と経営者

図6－4　所有と経営の分離傾向

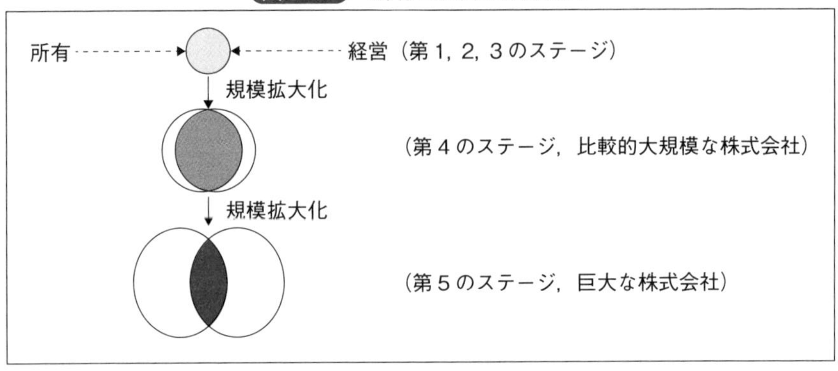


とは大部分ちがった存在となる（巨大な株式会社，第5のステージ）。

この段階の経営者は，きわめて少数の人びとから比較的多くの人びとになるとともに，経営の知識を身につけたが，出資が少ない専門経営者つまり「プロ」の経営者になる。しかも，かれらのもとにいる，いくつかの階層からなる多数の管理者たちは，それぞれに割りあてられ細分化された仕事を遂行している。そして，これらの管理者たちのなかから将来の経営者が選ばれることになる。とくにわが国では階層の多い社内組織を昇進してきた“生（は）えぬき（内部昇進）型”の経営者が多いのである。

巨大株式会社の所有者　　他方，所有者はわが国において以下のタイプからなっている。

• *One Point Lesson*

## 社長との距離

小さな企業であれば，社長と日々接触し，一緒に仕事をすることもあるわけですが，大企業になると，現場で働く人びとと社長との距離は物理的にも心理的にもきわめて遠くなってしまいます。ツイッターなどを使って距離を感じさせないように努力している社長もいますが，規模が大きくなると，遠くなる傾向があります。

第1のタイプは，少数のオーナー型経営者である。もっともオーナーといっても所有比率（持株比率や出資比率，ある出資者の所有額／資本金または発行済株式総数）は第1から第3のステージまでの「完全所有」(所有比率が80パーセントから100パーセント)，第4のステージの典型となる「過半数所有」(51パーセントから79パーセント）や「少数所有」(20パーセントから50パーセント）とは異なって「専門経営者支配下の所有」(19パーセント以下）になっている。そして，資本金規模がさらに大きくなるほど，持株比率はいっそう低下し，10パーセント以下のものになる。

第2のタイプは，金融機関やその他の業種の大企業である。これは「法人所有」とか「機関所有」などといわれ，株主総数に対する比率は1パーセントにも満たないが，出資比率のほうは高くなっている。

第3のタイプは，「大衆株主」といわれる個人株主である。そのプロフィールは，出資者数の割合でいえばほとんどを占めているが，出資額は少ないために，持株比率は少ない。

第4のタイプは，外国人（企業を含む）であり，グローバリゼーションのなかでは外国人株主のウェイトが高くなっている。

さらに，従業員持株制度を採用している企業では所有者としての従業員が注目される。

なお，M＆A（合併や買収）がかつてとはちがって一般的に行われるようになっているので，企業買収を目的とする投資家やそのグループの動向も考えておかなければならない。

## 2 組織の構造

経営および労働内部の分離　　所有，経営，労働によって企業の構造をみてきたが，経営と労働の分離，経営および労働内部の分離から，第10章で詳述する組織の構造も明らかにできる。たとえば，スモール・ビジネスでは経営者の担当する仕事は包括的であり，なんでもこなす万能型の人間でなければならない。

しかし，すでに述べた第３のステージ（中規模企業）になると，経営者の追加がはかられ，担当分野を決めて仕事の分担をはっきりさせ，分業つまり専門化の体制をとることになる。あわせて，経営者のグループのなかでも社長と副社長，専務といった階層的な関係がつくりだされる。前者のように仕事の担当を決める考え方を職能分化（水平的分化）といい，後者を階層分化（垂直的分化）という。

また，第３のステージ以降になると，管理者が配置される。この段階では職能分化がはかられ，人事部門，総務部門，その他の種々の部門が形成されるものの，ある管理者は人事部門と総務部門の双方の職場をみている場合もある。そして，部長と課長に分かれ，階層分化が行われるものの，同じように両者を兼任するケースもみられる。

もっとも，第４，第５のステージになると，このような兼任はなくなるだけでなく，職能分化も階層分化もいっそう進展する。部門には新たに独立のものがつけ加えられ，それぞれの部門は，課や，その下に係などをかかえるようになる。

このように経営の内部においても分離が行われ，それにともなって，係長などのもとに働いている従業員は，きわめて狭い範囲の仕事を遂行することになる。第２のステージでは経営者と従業員とは直接に接触して，経営者だけでなく従業員も職能分化が十分に行われていないために“仕事ならなんでもやる”という包括的な仕事を行っているのと，それは明らかに異なってくる。

意思決定の中心と情報　　このようにしてつくられる組織において意思決定，つまりなにかを決める場合にはどのようにして行われ，それに関連する情報はどのようにして伝達されたり，収集されたり，処理されているのであろうか。

企業全体の目標は，経営者を中心に組織の上層部において決定され，それは情報というかたちで管理者を通じて従業員に伝達される。経営者レベルでの決定は，下位の係レベルになると，前述の仕事の場合と同じように，きわめて限定された狭い情報（命令）に変わるが，この情報をうけて仕事を行う。もっとも，ＩＴ（情報技術）の進展によって，トップ層の情報は瞬時に社内のすべてに伝達できるようになっている。そして，逆のことも起こっている。

そして，決定の前提として各種の情報を収集し，処理しなければならない。意思決定のための情報は，企業内部の各部署（現場）だけでなく，企業の外部からも集められる（図6－5）。ＩＴなどを利用して，各部署から伝達されるビッグデータは，ＡＩなどによって分析され，経営者の意思決定に役立っている。

また，きわめて高度な専門的な知識――ハイテク技術，先端技術など――を必要とするような意思決定については，経営者よりも企業内の研究員や戦略スタッフの考えのほうが重要な意味をもっている。要するに，かれらの所持している情報のほうが意思決定を支配することになる。

さらに，ステイクホルダー（利害関係集団）の意思決定も無視することができないし，競争企業の意思決定の影響もある。したがって，各種の利害関係集団や競争業者についての情報を収集して自社の意思決定に関係づけていかなければならない。

環境対応の組織づくり　　企業環境の変化に，組織は対応すべく設計されなければならない。消費者のニーズがあまり変わらず，しかも安定的に顧客を得られるような状況においては，販売部門はセールス（営業）部隊を中心としたもので十分であった。しかし，消費者ニーズが変化し，既存の市場が大きくな

図6－5　意思決定と情報

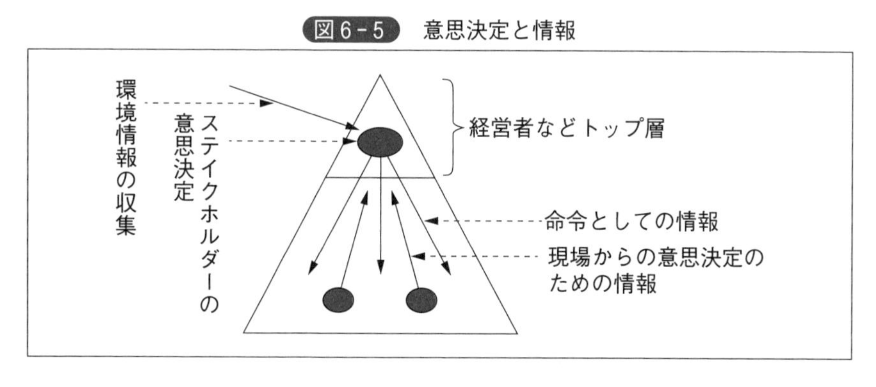

らない現在の状況では，製品開発や消費者のニーズなどをとらえる担当セクションを充実する必要がある。

また，環境面の配慮を含めて製品開発や生産技術の革新への動きも激しく，競争企業や潜在的な競争相手の活動を把握したり，研究開発を推進していくことが必要である。そして，必要ならば，これに対応する組織づくりがもとめられている。さらに，ＩＴ化，ＡＩ化，グローバル化，ＣＳＲ，自然災害などへの組織的対応も当然のことながら必要となる（第10章の３を参照)。

責任・権限の委任とリーダーシップ　組織の構造を考える場合に，責任・権限の委任（または委譲）という考え方は重要である。責任とは組織内において働く人びとに割りあてられる仕事のことであり，これに対して権限はこの割りあてられた仕事を組織内で遂行することを保証する力である。

経営者は，すでに述べた第２のステージで自分の行っていた労働という仕事を雇用した従業員に対して委任し，それにともなって権限も委任する。また，第３のステージでは管理者に対して従業員を監督するという自分の行ってきた経営という仕事を委任する。

経営者は，自分の仕事のうちその一部を自分のところに留保し，残りの部分を委任し，その委任をうけた人びとは再び委任をくりかえす。そして，この過程を通じて組織は形成される。経営者が自分のところに留保する主な仕事と

• *One Point Lesson*

**経営はどの組織体にも必要である！**

経営とは，企業以外でも組織体があれば，どこにでも必要なものです。“よい企業をつくる”，“よい役所にする”，“クラブやチームをよくしよう”という意思とそのための主体的活動が行われるところに，経営は生まれるといってよいのです。本文でも述べた「つくる」（メイクとクリエイト）とか，設計し，それを実際に実現していくことをもとめる思想が「経営」だと思っています。皆さんが運営しているサークルにも経営があるわけです。

は，企業の存続や発展にかかわると思われる重要な意思決定やそのための情報収集であり，比較的問題解決のしかたがルール化したり，マニュアル化している仕事――「ルーチン的な意思決定」という――から委任すべきといわれてきた。

もっとも，現代のように働く人びとの専門的な知識・能力や仕事への意欲が高い場合には，経営者や管理者は上述した仕事をも委任し，働く人びとの知恵やアイデアを生かすことが望ましい。それは分権的な「ボトム・アップ経営」である。しかし，逆にあまり仕事に習熟していなかったり，働く意欲が低い人びとが多い場合には，このような権限の大幅な委任は必ずしも望ましくはない。この場合には，経営者が決定し，部下にはその決定を実行させる集権的な「トップ・ダウン経営」を行うことになる。

これは，経営者や管理者の行使するリーダーシップのスタイルも関連する。従業員を仕事に動機づけるためには，各種の方法があり，いま述べた仕事の委任つまり従業員に配分される仕事の内容もそのひとつになるが，リーダーシップも有効である。

権限の大幅な委任とは，部下となる人びとを信頼した「参加型のリーダーシップ」を意味している。これに対して，仕事の習熟度や意欲が低い部下の場

*• One Point Lesson*

### どの企業にもある後継経営者問題

後継経営者問題は，中小企業だけではありません。中小企業では後継者の候補がいないだけでなく，いても経営者になる覚悟や能力が不足している場合が多くあります。その結果として，中小企業の大量廃業の時代が間近に迫っており，深刻な問題になっています。もっとも，創業者によってビッグ・ビジネスになった企業でも事情は同じです。さらに，いわゆる大企業では経営者候補なる人材がいるかもしれませんが，部門の管理はできても，全社的経営ができるように育成されている人間は少ないでしょう。

合には，仕事ぶりを注意深く観察し，こまごまと指示するという「厳格型のリーダーシップ・スタイル」をとったり，部下の話や質問を許しながら双方がコミュニケーションを行う「相談型のスタイル」が必要となる。

技術システムの重要性　企業の組織について「社会システム」ともいわれる人的組織を中心に考えてきた。しかしながら，企業の組織には物的組織ともいう「技術システム」が存在している。１人企業では人的組織はないが，小規模であるものの機械設備やオフィスがあるために物的組織が成立していることについては，すでに述べた。そして，モノごとに関するあらゆる情報が（インター）ネットにつながるＩｏＴの時代でもある。また，工場や店舗も同じように，最新の設備や空調などの物的な経営資源を必要としている。

現代企業の物的組織には，大きな変化が生じている。オフィスのＩＴ化が進展し，これにより仕事のスタイルが革新されてきた。生産現場でも産業用ロボットの導入やコンピュータの支援による生産システムの構築がすすんできた。そして，セールスの現場でも，ＰＯＳ（販売時点情報管理）システムが普及するとともに，ネット販売などの新しい方法が発展している。

このように企業の各所で技術システムの変化がみられており，それは当然のことながら人的組織にインパクトを与えている。これにより，全体としてみた企業の組織も変化している。

## 3　コーポレート・ガバナンス（企業統治）の公正さ

株式会社の機関　大企業は法律的にみると株式会社の形態をとっており，よく知られているように，①重要な意思決定を行う株主総会，②株主総会の意思を執行する取締役会，③会計や業務の監査を行う監査役（会），の３つの機関からなっている。三権分立的な考え方でいえば，株主総会は立法（議会），取締役会は行政（内閣），監査役は司法（裁判所）の役割を果たすことが期待されている。

株主総会での議決権は，持株つまり出資分に応じたものであり，おおむね過半数で決定されるが，この株主総会で選出された取締役によって取締役会が運営される。取締役会は株主総会の決定を執行し，会社のもっている財産を効率的かつ能率的に運営するための基本方針を決定する。

取締役のなかで「代表取締役」――アメリカではＣＥＯ（Chief Executive Officer：最高経営責任者）といわれる――は，株主総会や取締役会の決定を執行するとともに，取締役会から委任される日常業務みずから決定し，それを執行することになる。

そして，この代表取締役社長のもと，生産，マーケティング，財務など，といった業務や事業部担当の取締役によって「全般経営（ゼネラル・マネジメント）層」が形成され，取締役会の決定した基本方針に従って，日常業務を担当している。

もっとも，取締役会には，前述した基本方針の決定のほかに，代表取締役や全般経営層がこの基本方針にもとづきながら日常業務を効率的にだけでなく公正に遂行しているかをチェック（監視）することももとめられている。

だが，このチェックはうまく行われてこなかったといってよい。同じメンバーで決定・執行とそのチェックを行うことは難しい。そこで，これをしっかり作用させるために，取締役会のメンバーに外部重役（社外取締役）を取り入れることが行われてきた。他の企業の重役，弁護士，学者，一般社会などの外部の代表者などを取締役会に入れることで，取締役会の公正さを担保しようとしている。

また，意思決定やチェックを主に行う取締役と日常業務を執行する執行役員とを分離し，責任や業務の分担関係をはっきりさせることで，チェックが可能とする動きも大きくなってきた。これは「執行役員制度」といわれ，執行役員は取締役会には出席することはなく，取締役会の決めた日常業務の執行つまり，オペレーションにのみ専念するようにしている。

監査機能の強化　　このチェックに関連して，監査役の果たす機能の強化もはかられてきた。取締役が公正な活動を行っているかどうかをチェックする監査役は，いわゆる「会計監査」だけでなく，「業務監査」をも行っている。社外からの監視の目を強化するための2014年の会社法の改正で従来からある「監査役会設置会社」は３名以上の監査役のうち社外監査役を半数以上にすることが求められた。また，この改正で「監査等委員会設置会社」になった会社は監査役にかえて，取締役会のなかに監査等委員会を設置することになる。委員会の過半数は社外監査役にする必要がある。2002年の商法改正で導入され2006年の会社法改正によって委員会設置会社（監査，指名，報酬の３委員会からなる）という名称になった形態の会社は，「指名委員会等設置会社」と名称を変更されたがこれも，社外取締を同じく半数以上にすることとされている。このように，これらの３つの形態で監査機能の強化がはかられている。

強い経営者のパワーとステイクホルダーへの奉仕　　現代の大企業においては，専門経営者のパワーは強い。彼らは大株主でも，オーナーでもないが，大きなパワーをもっているといってよい。株主総会では，代表取締役や全般経営層で用意した提案が，そのままのかたちで議決されるのが普通であるが近年は“ものをいう”株主も台頭している。

「会社はだれのものか」という議論がある。この観点からいうと，株式会社は，議決権をもっている株主のものということになるが，わが国では株主のパワーは弱く，日々経営を行っている専門経営者の力のほうが強いのである。

しかも，外部重役（社外取締役）も増加しているが，経営者の多くは内部重役（社内取締役）であり，若いときにその企業に入社し，徐々に企業内の階段を上って昇進してきた人びとである。これはすでに述べたように「生（は）えぬき型の経営者」といわれ，先輩の経営者が後輩のなかから自分の後釜を選び出している。

この方法では選ばれる後輩にしてみれば，先輩を批判しにくいものになっている。たとえ経営者が不正をしていても，それを正しづらい雰囲気があったのである。

日本の会社は，かつては企業のなかで働く人びとのものになっていた。経営者は従業員と一体になって企業経営にあたってきたのであり，株主よりも働く人びとを大切にしようという考え方が支配していた。

もっとも，1990年代のバブル経済崩壊後から日本企業の不振ぶりが目立つようになり，株主優位の傾向が強くなるとともに，雇用リストラや非正規雇用化などが大規模に採用され，この考え方は大きく後退してしまった。

さて，21世紀の現代は，「ＣＳＲの時代」であり，企業には情報公開，コンプライアンス（法令遵守），環境（エコ）重視の実現，経営倫理の制定・遵守などとともに，取り巻くステイクホルダー（利害関係集団）への奉仕につとめなければならない。前述した株主，従業員だけでなく，消費者，取引業者，競争業者，地域住民，行政なども重要なステイクホルダーであり，それらとの関係もしっかりつくりあげる必要がある。

いずれにせよ，企業経営が社会的にみて公正に行われるようにチェックされなければならない。あわせて，株主以外の各種のステイクホルダーに対しても奉仕する存在にしていかなければならない。ここにもコーポレート・ガバナンス（企業統治）の意味がある。

## *Key Word*

**部門化**：組織編成の重要な考え方であり，階層分化（垂直的分化）つまりタテの組織に対していえば水平的分化（ヨコの組織）をつくるためのものである。部門化の中核的な考え方は職能分化（生産，販売，財務などの仕事の分化）であるが，このほかに主たるものとして製品（群）別による分化，地域別による分化などもある。

**分権化**：権限の大幅な委任（または委譲とかエンパワーメント）ともいわれ，意思決定のセンターを企業組織の下方に置くという考え方である。これに対して集権化では上方にいる経営者が意思決定のセンターになっている。

**一時的な組織**：環境変化に対応するために組織は複雑になるが，変化に対応すべく課題やテーマ別の組織がつくられることも多い。タスク・フォース，プロジェクト組織などはその例であり，どこでも十分に対応できないような問題が発生した場合，その解決に貢献しうる人材を社内の各所から集め，解決後は解散してしまう組織である。

## Let's Try

問題１

生えぬき型経営者の強みはどのようなことでしょうか。逆に，弱みはどのようなことでしょうか。調査し，まとめてみて下さい。

問題２

コーポレート・ガバナンス（企業統治）の現状とあり方を検討して下さい。あわせて行政やＮＰＯ法人のガバナンスもうまくいっているのか調べてみて下さい。

問題３

ＩＴ化の進展によって企業の意思決定や情報伝達が影響をうけていますが，その点を調べてみて下さい。

問題４

外部重役（社外取締役）を増加させるとの是非を考えてみて下さい。

*One Point Lesson*

### ＣＳＲ情報の明示化

ＣＳＲや第１章の１頁教室（13頁）でとりあげたＳＤＧｓについては，企業がどのようなステイクホルダーに対してどのような貢献を行っているかを目標値や実績値を具体的にあげて説明することがもとめられています。

社内の人的資源（ヒューマン・リソース）をどのようにふりむけたのか，社内外の施設をどのように利用したのか，どのくらいの人びとが便益をうけたのか，だけでなく，どのくらいの金銭的な支出を行ったのか，を情報提供することが大切です。大企業では『環境報告書』や『ＣＳＲ報告書』を作成するケースが多くなっていますが，ＣＳＲを重視し，地域に密着している中小企業でも，これに関する情報を公開しはじめています。

1頁教室

## 日本企業のこれからの経営を考える！

①グローバル市場対応型の製品開発――モノづくりの強みを活かして日本企業は高機能・高品質の製品開発を行い，世界から評価されてきました。しかし，現在は世界の生活者がもとめる多様なニーズをしっかり調査・把握し，売れるモノづくりが必要です。また，ＩＴ化やＡＩ化などのデジタル分野の遅れも日本企業では見られており，この分野の開発と実践が大切です。

②品質維持と不正行為の防止――高機能・高品質が日本企業の特徴でありましたが，品質劣化を示すような不正行為がブランド力のある大企業でも行われており，社会やステイクホルダーから批判をうけています。企業の不正行為は，一企業だけでなく国家の信用低下にもつながっています。

③賃金アップと働き方改革――日本企業は非正規労働を増加させ，賃金水準の上昇をおさえる経営をつづけてきましたが，賃金をアップし，付加価値の高い創造的な仕事ができる経営への転換がもとめられていて，経済性，生産性そして創造性を向上させなければなりません。そして，これは「働き方改革」でもあります。

④経営文化の改革――職場仲間の助けあいなど，いい面もありましたが，問題の解決を先送りにするとか，問題をはっきりさせないアイマイ化の行動をとり，しっかり議論しないとか，“ノー（no）”をいえない雰囲気があります，なども日本企業には見られました。このような文化は改革しなければなりません。まして，“ハラスメント”の文化をなくし，対等公平の文化がもとめられています。

⑤キャッシュフロー計算書と資産価値重視の財務管理――貸借対照表や損益計算書がこれまで重視されてきましたが，企業のもっている現金（キャッシュ）が1年間のうちにどのような理由から，どのくらい増加・減少したかを示す「キャッシュフロー計算書」が大切になっています。現金の流れ（フロー）を把握できれば，資金ぐりがうまくいくことになります。また，企業のもっている資産の現在価値をしっかり把握することがもとめられています。収益をもたらさない設備，工場は思い切って資産価値を低下させる「減損」も大切ですし，Ｍ＆Ａ（合併・買収，116頁も参照）の時代なので，どのくらい価値をもっているかを知っていることがもとめられています。

# 第7章　起業を学ぶ

日本経済や日本社会の活性化のためには，どうしても起業や創業とその支援が必要になっている。そこで，本章ではこの問題を取り扱うことにする。日本人にとって企業は「雇われて」働く場であったが，みずから企業を「つくり」そして，「経営」し，人を「雇う」場にしたいものである。

## 1　起業の意味

起業家の定義　「起業」や「創業」は，新たな雇用を創出し，低迷している経済の活力となり，起動要因となることが期待されている。中小企業庁の「2019年版　中小企業白書」によると，直近の数年では，わが国の開業率は上昇傾向，廃業率は減少傾向にある。しかしながら，国際的に比較すると，開廃業率は相当程度低水準にあるという。また，（株）東京商工リサーチの2018年「休廃業・解散企業」動向調査によると，経営者の高齢化や後継者不足を背景に休廃業・解散企業は年々増加傾向にある。企業の新陳代謝が進まず，起業活動が活発でなければ，日本経済の活力低下を招くことも懸念され，国をあげてベンチャー・ビジネスの振興とその支援策が求められている。

起業を行う起業家とは，“アントレプレナー”(entrepreneur) という。そのもっともシンプルな定義は，新しい企業をつくる個人である。これによると，創業者はすべて起業家ということになる。そして，著名な製品名や社名には，起業家の氏名が入ることが多かった。パナソニックも松下幸之助という起業家によるものであったし，ホンダの創業者である本田宗一郎も同様である。失敗もあろうが，多くの若者たちが起業家になることが現在求められている。アメリカでは，起業家によってスタートしつつある企業を「ニュー・ベンチャー」といっている。その意味でいえば，わが国の経済再生・新生の起動要因として，このニュー・ベンチャーの育成が重要なのである。

この起業家とは，具体的には，①ビジネスとなりそうな製品やサービスに関するアイデアをもっていること，②企業に必要となる経営資源を発見し，収集できる，③失敗，リスクを負担するとともに，成功すると大きな報酬が得られる人間のことである。

つまり，まず時代に必要なものを見抜く力や構想力をもち，これまでになかったビジネスの種となるようなアイデアやビジネスチャンスを見出すことが必要である。ふたつめに，お金集めや優秀な人材の発掘がうまかったり，これまで使われていなかった何かに着目したりして，それを収集し，活用できることである。さらに，失敗にめげないとともに，未知の分野へのチャレンジなど成功するかわからなくても，ある程度のリスクをとれるということである。

起業家と起業の関連性　ところで，起業家を示す“アントレプレナー”に関連して，“アントレプレナーシップ”(entrepreneurship) というキーワードがある。“ship”とは，周知のように，①性質，状態，精神，②職，身分，地位などを示すものであり，わが国では主に「起業家精神」などと訳出されることが多かったが，そのまま訳語にしていくとすれば，起業家としての性質をもっているとか，起業家の状態にある，ことであり，その結果として起業家といわれるものになるということである。

要するに，起業をしたので，起業家としての状態にあり，その結果として起業家の職業とか，ポジションとなっているのが，その意味となる。ある個人が起業を行い，そこで「起業家」になっている。したがって，“アントレプレナーシップ”とは，起業を行うことと，それを通じて起業家になっているという状態や結果をさしている。

起業家の主たる特徴　起業家には，どのような特徴があるのだろうか。クエール（C. R. Kuehl）とランビング（P. A. Lambing）の著名な研究によると，6つのものに整理できるという。**図7－1**は，それを示しているが，以下のものである。

① コントロールの内的な位置

② 活動力のレベルが高い

③ 達成欲求が強い

④ 自信家である

⑤ 時間を気にする

⑥ あいまいさに耐える

①の「コントロールの内的な位置（Internal Locus of Control）」とは，自分の将来は，自分でコントロールでき，外的な要因はあまり影響を与えないという考え方である。起業家は，ビジョンとか夢をもっている人間といわれるが，自分の将来もみずからの力で左右できると考える傾向が強いという。これに対して，「コントロールの外的な位置（External Locus of Control）」の強い人間は，自分の将来はむしろ外的な要因によって影響を受けるとし，自分ではあまりコントロールできないと考える人間である。

②の「活動力のレベルが高い」は，当然であろう。起業のときには，大変な努力が必要であり，一生懸命に働かなければならない。進んでハードワークし，そのハードワークに耐えられることが必要になる。

**図7－1** 起業家の主たる特徴

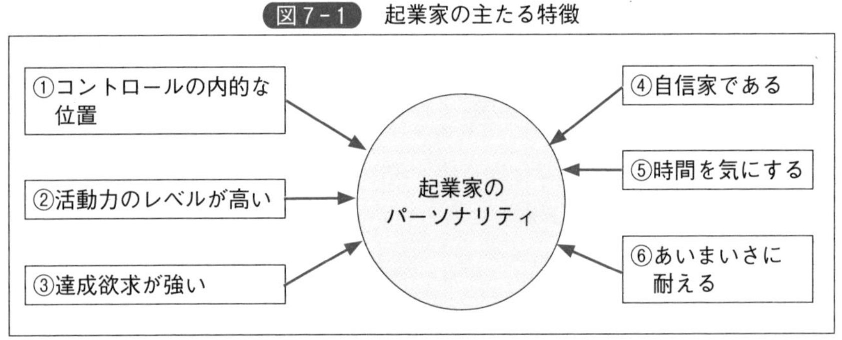


出所：Kuehl, C.R. and Lambing, P.A., *Small Business : Planning and Management*, 1990,p.39.

つぎの，③は，「達成欲求」の強さである。強い達成欲求を起業家はもっていることである。④は，「自信家」であることである。起業しようとする人間は誰でも日々のビジネスを実施することができなければならない。経営の能力を自分はもっていると信じている人間である。

⑤は，「時間を気にする」ということである。経営者は，多忙であるために，時間に対する感覚性が普通の人間よりも強いといわれてきた。とくに，起業家はせっかちであり，いつも緊急事態に対応できるようなセンスをもっている。

⑥は，「あいまいさに耐える」である。明確に構造化された組織のなかで，一定の決まりきった仕事をルールどおりに行うことがもとめられているのと違って，起業家は，混沌とした無秩序や激動する環境のなかで，どの方向に進んでいっていいかわからないといった状況で仕事をしている。今日はあたりまえであったことが，明日にはあたりまえではないかもしれない。そういった状況に対応できることがもとめられる。

## 2　起業を促す要因

起業は，どのようにして可能となり，さらに推進されるのであろうか。これには，前述した起業家の特徴や，子供時代の家庭環境，学歴，職歴などの「個人的なバックグラウンド（背景）」が関わっており，重要な要因となる。

しかしながら，これだけでは，起業を推進するメカニズムは明らかにされないであろう。実際は，これ以外の外的な要因がなければ起業にすすむことはないのである。そして，これにも，当該の個人に直接関わる要因と環境における起業を促すような有利な要因とのふたつがある。

個人に直接関わる要因　　起業する個人は，人生のなかで，いろいろな目にあい，それを機に起業していくわけである。職業を中心とした人生のコースで起業をするような「人生の転機」には，どのようなものがあるのだろうか。

これにはよくいわれているように，不満足な労働環境，不本意な失業，キャリア上の転機（学位授与，大きなプロジェクトの成功など），引き（出資者，顧客などの引き立て）などがある。これをもとにして考えると，４つのうち前のふたつ，つまり不満足な労働環境と不本意な失業については，個人は不満があると，それを解消する行動をとるという仮説にもとづいている。マイナスの環境のなかで，それを克服しようとして起業するわけである。

これに対して，キャリア上の転機と引きは，個人にとってチャンスというべきものであり，このチャンスを生かしていこうとして，その結果として起業になる。要するに，前のものが「不満解消行動」であるのに対して，これは「チャンス活用行動」といいうるものである。

**環境における有利な要因**　もうひとつの環境における起業を促す有利な要因をみていこう。これについてはまず，資金調達，人的資源の調達，顧客や供給業者へのアクセスの可能性，輸送問題など，企業経営に必要不可欠なものが用意されていることである。

そして，わが国でも起業の初期ステージにおいて，起業を育てる“インキュベーター”(incubator) という孵化（ふか）機能の組織が地方自治体や大学などによって支援されている。これは，ベンチャー起業家を支援する企業や出資者，機関のことであり，経営のアドバイス，企業運営に必要なビジネス・技術サービス・資金調達への橋渡しなどを行う。

そして，環境における起業を促す要因には，インキュベーター以外にサポート型のネットワークがある。家族や友人などの支援も必要であるし，また，起

*• One Point Lesson*

## 起業家は本当にリスク・テイカーか

起業家は，達成欲求が強く，コントロールの内的位置の人間であるほか，リスク・テイカーで，危険を恐れない人間というイメージがあります。“ハイリスク，ハイリターン”が起業家の世界で，成功すれば，報酬を多く得られますが，失敗する可能性も高いといわれてきました。そこで，リスク・テイカーというイメージが起業家に与えられてきたのです。しかし，本当に起業家は危険はこわくないのでしょうか。

図7-2　起業を推進する要因に関するイメージ図

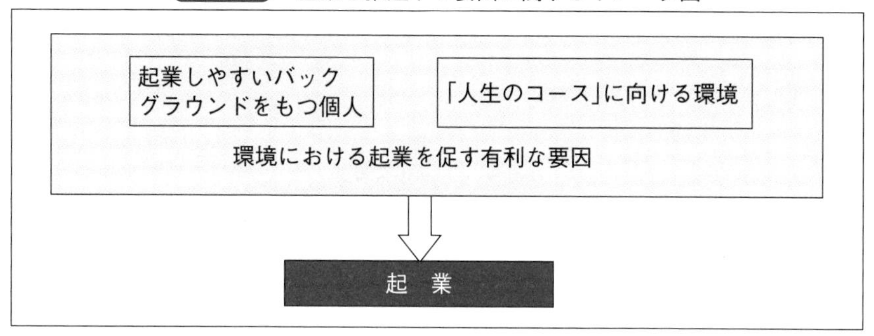


業家としての仕事を実際に行う際に，アドバイスや相談にのってくれる人間の存在もこの要因には入ってくる。わが国でも，起業に成功した人のなかには，後から続く人びとをサポートしている人がいる。

もっとも，ふたつのネットワーク・サポートは，質的に異なるものである。前者は精神的な支えであるのに対して，後者は専門家としてのサポートとして，起業の実践に役立つ活動的なものである。そして，このふたつともが起業する個人にとって必要であり，起業を促すものとなる。

このようにみてくると，起業の発生と推進は，前述したようなバックグラウンドをもつ個人の存在が前提になるが，そのような個人が人生のコースでの転機をみずから引き金にして，起業を意図することになる。そして，起業に確実に進むためには，環境における起業を促す要因が必要である。図7-2は，これをイメージした図である。

## 3　起業のスタート段階

起業の3つの形態　　起業には一般的には，新たな起業，既存の企業の買収，フランチャイザーの加盟企業になる，という3つの形態がある。

新たな起業については，のちに述べるとして，買収とフランチャイザーからみていく。まず買収についてみていこう。既存の企業を買うことで，起業することができる。この場合，当然のことながら，しっかりとした調査を行うとと

図7-3　フランチャイズ・システム

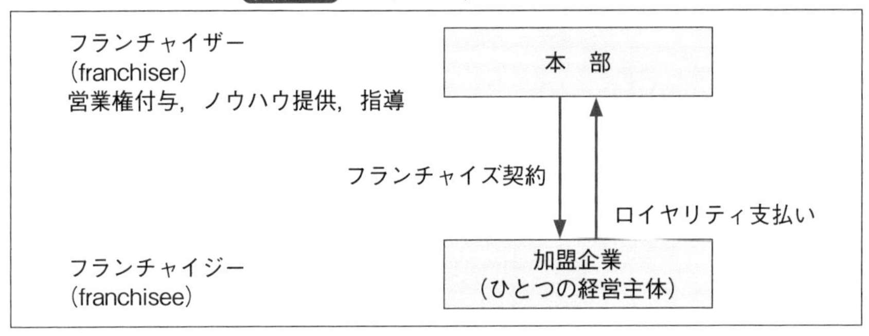


もに，専門家のサポートが必要となる。買収に関わる契約や法的事項の確認，財務諸表のチェックや購入価格の決定などについては，弁護士や公認会計士などの専門的な援助が必要となる。そして，買収の対象となる企業が独自の商品をもつスモール・ビジネスであるならば，まさに「ニュー・ベンチャー」となる。

フランチャイザーの加盟企業（フランチャイジー）になることで，起業することもできる。それぞれの加盟企業は，スモール・ビジネスであり，コンビニエンス・ストアの加盟店などを考えると，それは明らかである。起業の過程では，フランチャイザーの指揮下で行われるので，起業も容易である（図7-3）。しかし，「ニュー・ベンチャー」のイメージは，これにはない。

起業の原点――スタート・アップ型　　以上のふたつに対して，起業家によってまさに新しい企業をスタートさせるものがある。これはよく「スタート・アップ型」といわれるタイプであり，起業の原型である。前述した既存企業の買収やフランチャイザーになることも，この第1のタイプのものがなければ行うことはできない（図7-4）。

ビジネス・アイデア（事業計画）の源泉　　スタート・アップの際に重要となるのは，新しいビジネスに関するアイデアである。アイデアのもととなるのは，シーズ志向であり，これまで起業する人間が行ってきた仕事に近いところで発生している。問題意識をもちながら，日々仕事を行っていれば，確実に起

図7－4　起業の３つの形態と関連性

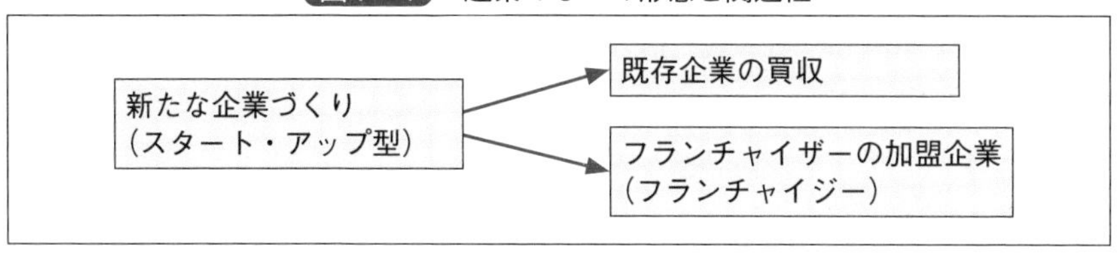


業の種（シーズ）があるといってよいであろう。そして，他社がもつ既存のアイデアの改良とか，未充足のニーズへの対応は，これに比較すると，はるかに少ない。

なお，女性の起業のなかには，生活者の未充足のニーズ発見とともに，自分の趣味を生かすものがある。

ビジネス・プランづくりの方法　　ビジネスに関するアイデアがどのような源泉によるかは，それぞれ異なるが，このアイデアが明らかになり，これに心が動かされることになると，ビジネス・プランをつくるわけである。昨今，ベンチャー推進すべしという背景をうけて，大学でも「ベンチャー・ビジネス」の講座が開催され，多くの学生が集まっている。そして，そこでも最終的にはビジネス・プランを学生につくらせるケースが多い。

起業にあたって，ビジネス・プランの作成は重要であり，注意深く，慎重にプランニングすることが求められている。要するに，これから行おうとする起業について詳細に記述した文書がビジネス・プランであり，起業にあたって考えられる問題を洗いざらい検討しなければならない。

起業の成功には，しっかりしたプランが前提となる。起業の際のネックになるのが，資金の不足である。ビジネスに関するアイデアがあるが，お金がないので，起業できないことも多い。そして，この資金調達を可能にするためにも，ビジネス・プランをしっかりと作成することが大切である。

ダフト（R. L. Daft）によれば，ビジネス・プランには，大体以下のような９つの項目を含めるべきであるとしている。

①　会社の使命（ミッション）やビジョン

② 起業しようとする産業や市場に関する情報

③ 起業しようとする産業における供給業者に関する情報

④ 起業するにあたって必要となる人的資源の数とタイプについての情報

⑤ スタート・アップに必要な資金およびその後の運転資金の調達源泉と使用（投資）を詳細に記述した財務情報

⑥ 顧客に製品やサービスを使用してもらうための対策

⑦ 製品やサービスの生産計画（これには，プラントのレイアウトや生産のスケジュールなども含まれる）

⑧ 法的な要素の検討（ライセンス，特許，行政の規則の遵守など）

⑨ 成功の妨げになるような重要なリスク

図7-5は，これらの9項目を図示したビジネス・プランの構成要素図である。外側の円には，⑧の法的な要素と⑨の成功の妨げになるような重要なリスクが書かれている。企業内外のこのふたつの環境要因は，当然のことながら，しっかり認識し，対応を考えておかなければならない。

図7-5 ビジネス・プランの構成要素

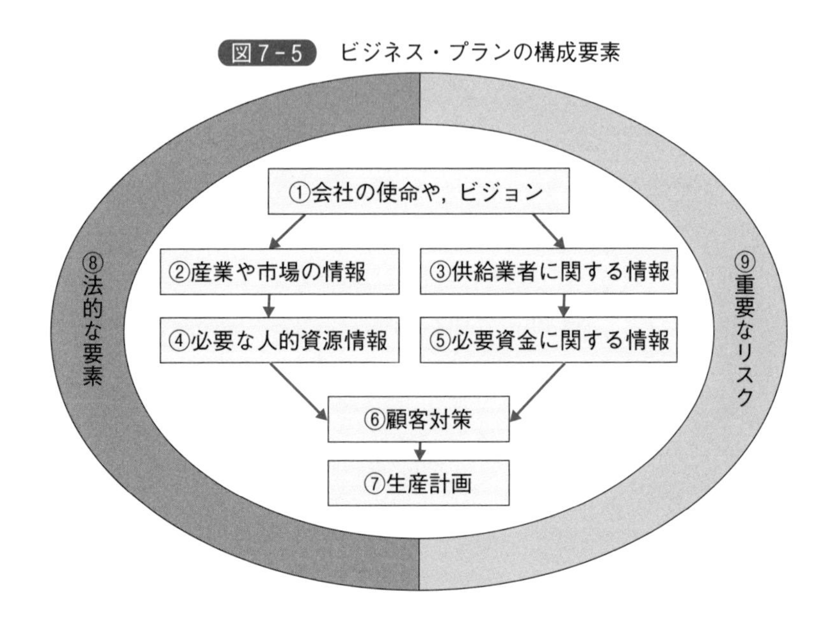

表7-1　ビジネス・プランの内容例

1．事業概要
　　事業名
　　経営理念（事業の動機・会社の使命など）
　　会社概要（代表者名・所在地・設立・従業員数・取引先など）
　　事業コンセプト（商品やサービスについて）

2．事業の分析
　　市場規模と特性
　　競合状況と優位性
　　ターゲット（顧客）とマーケット・ポジション
　　問題点やリスクの分析

3．事業展開
　　商品開発計画
　　生産計画（仕入計画含む）
　　販売計画・マーケティング戦略
　　人員計画
　　中期経営計画（3年～5年くらい）

4．財務計画
　　収支計画（売上高・利益など）
　　資金計画（必要資金・調達方法など）
　　財務分析（損益分岐・財務諸表分析など）

もっとも，起業の前提は，①の会社の使命（ミッション）やビジョンであり，これを明確に示す必要がある。そして，第2のステップで考えなければならないのは，②の起業しようとする産業や市場に関する情報と，③の起業しようとする産業や市場における供給業者に関する情報である。

産業や市場の規模・成長性・既存の競争業者の存在などをしっかり分析しなければならない。産業としてすでに成熟しているとか，有力な競争企業が存在しているとすれば，起業は困難になるからである。ここでは，環境に関するふたつの要因から起業のチャンスがあることを明らかにできなければならない。

このつぎのステップでは，④の起業に関して必要な人的資源の質量と，⑤のスタート・アップ資金とその後の運用資金の調達と活用の内訳をつくっていく。起業には，ヒト，カネのふたつの資源がとりわけ必要なのであり，これを良好に調達し，使用していくことが重要である。

さらに問題となるステップは，⑥の顧客対策である。②と③の環境分析によって，起業のチャンスがあるとしても，顧客から信用を得るための対策を講じなければならない。起業しても顧客を確保できないことは，致命的な事態なのである。ここに，⑥の重要性がある。どのようなことをすれば顧客対策になるのか，この場合もそれぞれの企業にあったものを選択しなければならない。

そして，最後のステップは，具体的な工場建設や生産計画である。この場合，前述の顧客の信用とか，獲得できる顧客数を踏まえたものにしなければならない。また，自社で生産するのか，“ファブレス”(工場をもたない) という言葉に示されるように，他社に生産を委託するのか，生産の拠点をどこにおくのか，といった意思決定もこれには含まれてくる。これは当然のことながら，すでに述べた，④や⑤などの決定にも関わっている。

なお，これらのステップ全体を通じて，⑧の法的な要素と⑨の成功の妨げになるような重要なリスクを発見ないし，確認をしていくことが必要となる。起業家にとって法的なマインドとリスク感覚は大切なのである。

なお，ビジネス・プランの具体的な内容例は，**表7-1**にまとめられる。

## 4　起業のための他のポイント

ビジネス・プランづくりが，スタート・アップにおいては，キーワードとなるが，これ以外にもいくつかの問題点が指摘できる。

法的形態の問題　　法的形態については，スモール・ビジネスにおいて一般的な個人企業やパートナーシップ（少数の出資者によるもの)，それに株式会社などのタイプがある。多くの資本を集めることを考えると，有限責任の株式会社が望ましい。しかし，企業の信用が確立した段階であれば，それも可能であるが，スタート・アップの段階では株式会社といっても少数の出資者によるものとなろう。

個人企業やパートナーシップは，起業にあたった関係者も少なく，設立も容易である。しかし，双方とも起業家の責任も大きく，無限責任を負担しなければならないといったデメリットもある。

スタート・アップにあっては，いずれの形態をとるかを決定しなければならない。そして，決定にあたっては，専門家の助言も必要となる。

資金調達の問題　　資金調達については，起業の際のネックとなるものであり，どのようにして調達するかはきわめて重要な課題となる。2006年に施行さ

**図7-6**　わが国の起業における資金調達先と資金調達額の推移

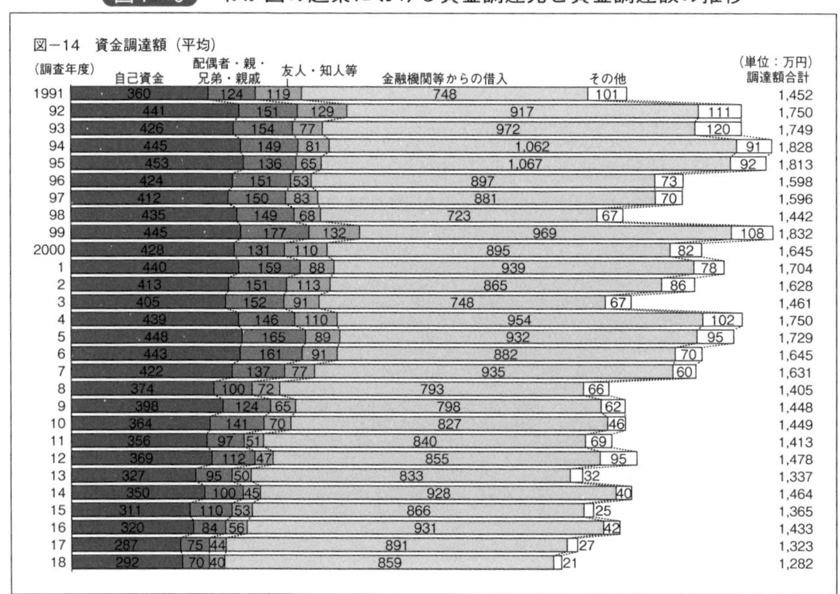


注1：「配偶者・親・兄弟・親戚」と「友人・知人等」は借入，出資の両方を含む。
　2：「友人・知人等」には「取引先」（1992～1999年度調査），「事業に賛同した個人または会社」（1992～2018年度調査），「自社の役員・従業員」（2004～2018年度調査），「関連会社」（2016年度調査）を含む。
　3：「金融機関等からの借入」には，日本政策金融公庫（1991～2018年度調査），民間金融機関（1991～2018年度調査），地方自治体（制度融資）（1992～2018年度調査），公庫・地方自治体以外の公的機関（1999～2018年度調査）が含まれる。
　4：開業費用と資金調達額は別々に尋ねているため，金額は一致しない。
出所：日本政策金融公庫総合研究所（2018）
「2018年度　新規開業実態調査～アンケート結果の概要」10頁より抜粋。

れた会社法により，最低資本金制度は撤廃されたものの，開業資金は必要であり，２，３年ぐらいは生活できる自己資金がないと，すぐに危機は訪れることになるだろう。

この自己資金に加えて，家族や友人，さらに金融機関（行政組織も含む）からの借入が，わが国のベンチャー企業のごく一般的な資金調達の方法となっている（図７－６参照）。

つまり，これは借金（借入資本）である。そして，もうひとつの主たる源泉には，エクイティ（持分）によるものがある。投資家に出資してもらう代わりに，株式による所有権を与えるものである。

あるレベルの自己資金が必要であることはいうまでもないが，借入資本によるか，エクイティ・ファイナンス（本章の ***Key Word*** も参照）によるかは，それぞれのおかれた状況に左右されるであろう。

なお，このような起業家に投資するベンチャー・キャピタル（ＶＣ）やエンジェル（本章の ***Key Word*** も参照）の存在も資金調達にあたっては十分に考えていかなければならない。ベンチャー・キャピタルやエンジェルから出資を得

***• One Point Lesson***

## 増える女性の起業

女性の起業家が増えています。女性の起業のためのセミナーの開催やネットワークも多くみられるようになってきました。女性の場合，育児などで仕事を中断すると再就職が難しかったり，企業内でキャリアアップを図ろうとしても，「見えない壁（ガラスの天井：glass ceiling）」があったりして，「自分を活かす企業がないなら自分でつくろう」，「年齢に関係なく働きたい」という想いがあります。

女性の起業家の特徴として，事業を大きくしようという野心はあまりなく，収入を多く得ることよりも，生きがいや自己実現さらに社会貢献のために起業するというケースが多いようです。その内容は，資格や特技，人脈を生かした起業などがよくみられ，分野としては，子育て，教育，アート，福祉，農産物の加工を中心に，衣食住などの生活に密着したものが多いといえます。

るためには，しっかりとしたビジネス・プランづくりが欠かせず，さらに説得するためには，プレゼンテーション能力も必要とされる。

人的資源の問題　　スタート・アップの際の人的資源も資金調達とならんで，大きな問題である。起業家個人を中心にニュー・ベンチャーがスタートするとしても，他人の力を借りなければならない。ここで起業家のもとで部下として働く場合と，起業家と対等の関係で働く場合とがある。後者は，2人以上の人びとが協同して起業するケースであり，「ベンチャー・チーム」ともいわれる。

ベンチャー・チームにおいては，相互の信頼関係と起業への強烈なコミットメントが必要である。そして，できれば他人は自分のもっていない能力やスキルをもち，お互いにサポートしあうものであることが望まれる。

なお，外部の人間で，いろいろな面で起業家を支える「メンター」(mentor)というべき存在がいる場合がある。精神的なサポートだけでなく，人やビジネスの紹介も行ってくれる人間が起業にあたっては必要なのである。それは，「人脈」ともいうべきものの重要性を示しており，すでに述べたネットワークである。これも人的資源問題のひとつの要素となる。

## *Key Word*

**エクイティ・ファイナンス（equity finance）**：自己資本の増加を伴う，株式発行による資金調達のことで，返済義務のない資金。一方，銀行からの借入など他人資本（負債）の増加を伴う資金調達のことをデット・ファイナンス（debt finance）という。

**エンジェル（angel）**：ベンチャー企業に対して，資金を提供したり，経営のアドバイスを行う個人投資家のこと。アメリカには多い。エンジェルは，企業が成長すれば，株式公開などにより，創業時に得た株式から配当やキャピタルゲインを得ることを期待できる。日本では，エンジェルを税制上優遇するエンジェル税制が，1997年に施行された。その後何度か改正され，より投資しやすいよう規制緩和され，その利用件数は改正のたびに少しずつ伸びている。

**研究開発型ベンチャー**：研究開発（R & D）により，新しい製品や技術を強みとするベンチャー企業のこと。多くの研究開発型ベンチャー企業は，“ファブレス”（工場をもたない）であり，ユーザーとの双方向のやりとりのなかで，そのニーズへの対応や，まったく新しい知見からの新製品開発や新技術開発を行っている。

**社内ベンチャー**：企業内部に，これまでの事業分野とは異なる市場への進出，または異質な製品の開発を目的として新たな事業を立ち上げること。これを社内ベンチャーといい，それを推進する人物，つまり企業内における起業家を，“インターナル・アントレプレナー”（internal entrepreneur）または“イントラプレナー”（intrapreneur）と呼んでいる。

## *Let's Try*

**問題 1**

起業家には，どのような資質が必要か，あなたの考えをまとめてみて下さい。

**問題 2**

あなたが関心をもっている起業家の事例研究を行って下さい。

**問題 3**

フランチャイズビジネスの事例をとりあげて，フランチャイザーの加盟企業（フランチャイジー）の特徴と問題点などを検討してみて下さい。

**問題 4**

あなたが起業するならば，どのようなビジネス・プランを立てるか，ダフトの9つの項目をもとに，検討してみて下さい。

**問題 5**

あなたの住んでいる地域にあるインキュベーター（またはインキュベーション施設）を見学して，どのような起業家が入居しているか，調べてみて下さい。

1頁教室

## 企業成長の段階

チャーチル（N. C. Churchill）とリュウィス（V. L. Lewis）の成長モデルがあります。この成長モデルでは，③までがスモール・ビジネスの成長段階です（図表6－1，2，3 に対応）。

① 生存（existence）（生きるための顧客の獲得）

② 存続（survival）（財務的に採算をとる）

③ 成功（success）（小さな成功を達成する。システムや存続の制度化，投資の必要性）

④ 離陸（take-off）（スモール・ビジネスから脱皮し，大規模化へ向かう。資金調達の必要性）

⑤ 資源の成熟（resource maturity）（大企業病からの脱皮）

企業の成長の段階

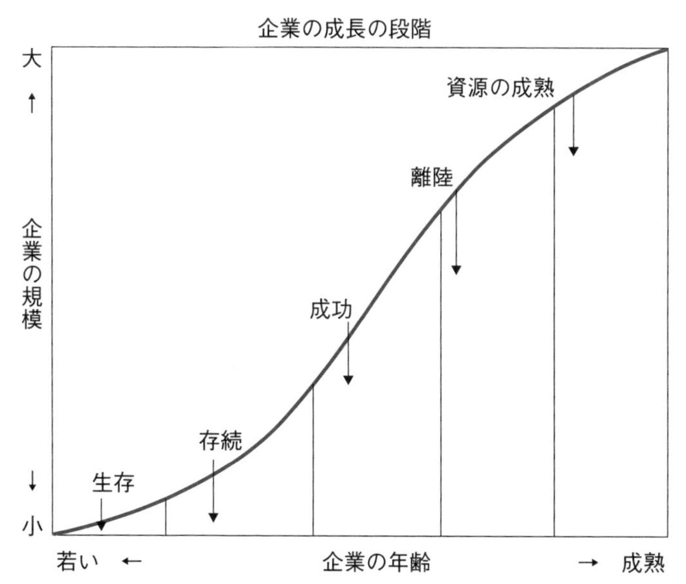


出所：Churchill , N.C. and Lewis, V.L., “The Five Stages of Small Business Growth”, *Harvard Business Review*, May-June, 1983, pp.30-50.

# 第8章　企業間関係を学ぶ

企業活動は単独で行われるものではなく，多くの他企業と関係を持ちながら行われている。本章では，企業間関係の内容，形成理由，種類・形態について整理し，複数企業の企業間関係（企業グループ）についても考察する。

## 1　企業間関係の意味

われわれ人間においても“人間関係”が重要なように，企業においても“企業間関係”は重要な概念である。とくに，現在の企業活動においては必要不可欠な論点であり，経営学研究のなかでも組織間関係論としてひとつの領域に位置づけられている。

“関係”とは　企業活動に限らず，われわれ人間は，自分一人だけで生きていくわけではなく，多くの人となんらかの関わりをもちながら生活している。たとえば人間同士の関係は「人間関係」という言葉に集約されるが，そのなかにも家族関係，友人関係，上司部下の関係など，内容や特徴の異なるさまざまな関係が含まれている。つまり，人間が生きていくうえでは他者との“関係”の存在は切り離せないものである。

企業を動かしているのは人間であるので，企業内部においても多くの人間関係が存在し，経営管理論などでは人間関係のよしあしが，企業の能率にも影響するという研究もなされてきた。また，従業員のモラール（士気）やモチベーション（動機）をどのように向上させて，生産性を上げていくのかという議論は，最近ではコーチング（本人がみずから問題解決に取り組む姿勢を作れるように，さまざまなことに対する気づきを引き出していく）の概念も登場し，活発に行われている。

こうした人間関係は，企業内部に限ったことではない。専門的業務を提供するコンサルティング会社や法律事務所などのプロフェッショナル組織の人材との関係や，非正規社員としての派遣社員の企業との関わりという外部人材との関係も議論されている。企業活動においても，このような人間関係と同じようにさまざまな"関係"を考察することができ，現在の複雑な企業活動を理解するうえでは重要な課題となっている。

企業間関係の視点　　企業は，経営活動を展開するなかで，独立した単独的な存在としてではなく，多くの他の企業となんらかの関わりをもっている。つまり，経営学の理解のためには，単独企業の行う経営や戦略だけではなく，企業間の関係も考察していくことが重要な課題になる。たとえばメーカーにおける原材料・部品などの供給企業との関係は，完成品を製造するためには必要不可欠となる関係であり，製品を販売する際にも，小売店などとの関係が発生する。

また，企業が競争していく際には，競合企業の存在を考える必要があるとともに，競合企業であっても新しい技術を共同で開発し，複数の競合企業が協力して販売キャンペーンを行うなどの協調的関係も見られる。つまり，現在の企業活動を考える際には，自企業の内部の視点だけではなく，他企業をも含んだ視点をとり，その関係も時間とともに変化するので，動態的に考察する必要がある。

経営学分野の中核である経営管理論や経営組織論の主要テーマは，自社内部のマネジメントや組織設計が課題とされ，多様な議論がなされてきた。その一方で，企業は外部からも影響を受けながら，より効果的な組織のあり方を目指していくオープン・システムであると考えると，内部的要因のみならず，外部環境とも大きな関わりをもっている。

とくに，他の組織の存在は重要な外部環境として認識され，その関係は複雑であり，このような問題をテーマとして，「組織間関係論」が研究領域のひとつとして確立している（山倉健嗣『組織間関係』，有斐閣，1993年）。企業再編やM＆Aが日常化している現在においては，企業間関係に関する知識は，企業行動を分析していくには必要不可欠なものとして位置づけられる。

## 2　企業間関係を考えるための視点

企業間関係はなぜ形成されるのかという動機の面について考えていく。企業間関係に関する主要な理論的な研究として，資源依存パースペクティブ，取引コスト・パースペクティブ，学習パースペクティブがある。パースペクティブとは，なじみのない言葉かもしれないが，「…という視点からの考察」という意味で，経営学研究のなかではよく使用される。

**他組織との依存性をコントロールする――資源依存パースペクティブ**　外部環境は自組織で簡単にコントロールすることはできないが，環境の不確実性に対応していくために，自社の存続に必要な外部資源を獲得することはできる。資源依存パースペクティブによれば，組織が他の組織と関係を持つのは，組織が存続し成長するために必要な資源を他の組織が持っているからである。

自社に不足している資源を他社に依存しているような場合は，相互依存関係は強くなる。また，それが希少資源の場合には，その組織以外からは調達することが難しいために，その取引が打ち切られた時には大きな影響を受ける。中国からレアアースといわれる希少資源の輸出制限が行われたことがこうした状

表8-1　企業間関係に関する理論的視点

| | 資源依存<br>パースペクティブ | 取引コスト・<br>パースペクティブ | 学習<br>パースペクティブ |
|---|---|---|---|
| 焦点 | 他組織への依存関係の回避・低減 | 取引コストの低減 | 新しい知識の学習 |
| キー概念 | 依存とパワー | 市場取引と企業内部取引 | 知識移転と知識創造 |
| 他組織の<br>位置づけ | 外部環境としての他組織 | コスト比較としての他組織 | パートナーとしての他組織 |

況に当たる。一方で，相手側との交渉過程は，両者とも自己の利益を追求していくために調整が難しく，組織間のコンフリクト（対立）も生みだす。

パソコンの製造でみると，心臓部のＣＰＵ（central processing unit：中央処理装置）の開発には高い技術力が必要となるために，多くの企業がインテルなどの外部の専門部品メーカーから調達し，取引関係を作っている。

また，ソニーのゲーム機ＰＳ３のＭＰＵ（microprocessor unit：超小型演算処理装置）は東芝とＩＢＭと共同開発したというように，技術水準が高度な特有の部品の場合には，部品メーカーと共同開発をするなど，より緊密な関係がもとめられる。しかし，技術力の高い部品メーカーが，自社とは資本的に無関係な場合には，取引の将来性は確定されているものではなく，場合によっては取引が途中で打ち切られるという不確実性（第11章の ***Key Word*** も参照）が存在している。

こうした不確実性を調整するためには，他の組織に対する依存をいかに回避して減少させていくのかが必要となり，以下の方法があげられる。

① 不確実性の源泉である外部組織に直接働きかけ，依存関係を吸収または，その回避を目指す方法である。これは「自律的戦略」といわれ，他社を吸収してしまうＭ＆Ａ，取引を固定化していく系列化，メーカーと供給業者が一緒になる垂直的統合がある。

② 不確実性の源泉である外部組織に間接的に働きかけ，相互依存関係を調整し，他組織との良好な安定した関係を追求する方法である。これは「協調的戦略」といわれ，ある企業の役員が他の企業の役員を兼ねる兼任役員制，外部役員の受け入れ，他社と共同出資して企業を設立する合弁，同じ業種に属する企業をメンバーとする業界団体の設立，契約の締結などがある。

③ 外部の第三者機関に働きかけることによって依存関係を操作し，不確実性を減少させる方法である。これは「政治戦略」といわれ，ロビイング（政党や議員に働きかけ，その団体に有利な政治的決定を行わせようとする活動），業界団体の圧力による法規制の制定などがある。

**表8-2** 他の組織に対する依存回避の方法

| 自律的戦略 | 協調的戦略 | 政治戦略 | 組織内の体制 |
|---|---|---|---|
| 依存関係を吸収・回避する | 依存関係を調整する | 第三者機関に働きかけ，依存関係を操作する | 対応する仕組みを組織内につくる |
| M＆A，系列化，垂直的統合 | 兼任役員制，外部役員の受け入れ，合弁，業界団体の設立，契約の締結 | ロビイング，法規制の制定 | 戦略的情報システムの整備，外部情報の収集・処理の専門部署の設置 |

④　不確実性を予知し，対応する仕組みを組織内部に形成する方法である。これには戦略的情報システムの整備，外部環境情報の収集と処理のための専門部署（環境対策室，顧客苦情対策室）の設置などがある。

**取引に伴うコストを低下する――取引コスト・パースペクティブ**　企業が資源の取引を行う場合，市場と組織内部で行う方法に分けられる。市場取引においては，取引そのものに付随して，取引相手を探す費用，取引の契約に関わる管理費，関係を維持するための費用などがかかる。こうした費用は「取引コスト」といわれる。

取引コスト・パースペクティブは，本来は市場で行われるはずの取引が，組織でなぜ行われるのかという問題意識から出発している。組織内部で実行する場合は，取引の総費用を市場と組織内部で比較し，内部取引のほうが総費用が少ない場合に選択される。

これを，われわれの食事をするという行為で考えてみる。自分で食材を揃えていちから作る場合（内部取引）と，弁当屋からできているものを買ってくる場合（外部取引）がある。食事をするという点ではどちらでも問題ないが，どちらが金額的に安いのか，作業負担が軽いのかということを検討して，実際には選択している。

市場における取引の複雑性が高い場合には，交渉過程も複雑になり，契約においても多くの条項に合意する必要があるので，それだけコストが多くかかる。現在，取引契約を交渉している相手企業が，最適なパートナーになるという保証もない。また，納期の突発的な遅れなど相手の動きは完全には予測できず，事前に把握するためには情報の収集も課題となり，取引状況をつねに監視する必要もある。このように，外部の企業と取引を行う場合には，内部で生産するよりも多くの予期できないコストがかかる場合も存在する。

取引コスト・パースペクティブでは，外部取引よりも内部取引を選択する場合の動機に関する考察がテーマであるが，反対に，外部取引のほうがコスト面で有利な場合も，多く存在する。前述のパソコンのＣＰＵなどの高度な専門技術を要求するものをすべて内製する場合には，専用工場の設立や技術の開発など，多大なコストと時間がかかり，業界トップ企業の水準に到達することは，困難な作業を伴う。そこで，自社で内製するよりも外部の専門企業から納入したほうが，品質がよく，安くすむ場合もある。多くのパソコンメーカーが利用しているインテルなどの部品メーカーがこうしたケースに該当する。

専門部品メーカーは当該製品に特化した技術体制と生産ラインを作り，多くの企業に提供することから，規模の経済による低い生産コストを達成し，安く提供することが可能となる。さらに，他企業との共同開発などは，１社だけで行う場合の技術開発費の削減や技術力の強化にもなり，取引の安定化という面でも効果を持つ。つまり，外部取引のほうが，取引コストが低い場合に，積極的な企業間の関係が構築されていく。

新しい知識を学習する――学習パースペクティブ　企業内部には存在しな

*• One Point Lesson*

**アウトソーシングとは？**

この言葉は，企業の「外部」(out) から経営資源を「調達すること」(sourcing) を意味しています。外注や業務委託とも関連し，当初は情報システムに関する業務を外部の専門業者に委託することからスタートしていますが，現在では企業活動の広範な分野で行われており，アウトソーシングすることで，企業としては中核的な業務に専念できるというメリットをもつことになります。

い知識や不足する知識をもとめて，外部の企業と企業間関係を構築する場合もある。知識とは組織にとって役に立つ情報的経営資源であり，ブランド，技術，スキル・ノウハウなどは「見えざる資産」といわれる。知識は組織内部で時間をかけて形成していく場合（第12章の ***Key Word***「学習する組織」も参照）と，外部から必要なものを取得し，ともに新しいものを学習していく場合がある。

企業内部で知識を創造していく場合には，強みを活用して徐々に成長を図っていくために，その過程で，新しい資源の蓄積や能力の学習が行われ，自社に特有のものとして形成されていく。これは，コア・コンピタンス（中核的な能力。第９章の ***Key Word*** 参照）となり，競争優位の源泉として位置づけられていく。しかし，技術革新の激しい環境においては，すぐに陳腐化する可能性があり，確実に新しい知識が創造されていくという保証もない。

一方，企業外部から必要な知識を取得する動きも近年見られる。たとえばパナソニック社長であった中村邦夫は同社の知識取得に対して，「これからのＭ＆Ａは知的財産権や技術，ノウハウを対象に考えるべきで，事業を買う時代ではない」と述べている（日本経済新聞；2006年２月８日）。つまり，Ｍ＆Ａを活用して，企業外部から知識を獲得し，さらに新しい知識を創造していく姿勢が見られる。

組織間における知識創造を考える場合に，まずは組織間での知識移転に焦点が当てられる。知識移転を実現することはシナジー（相乗効果，第９章の ***Key Word*** 参照）の源泉にもなり，大きく３つの方法で実践される。

第１に，従業員，工場，ブランド，トレードマークなどの日常業務を行うなかで必要な経営資源の共有であり，規模の経済性や範囲の経済性を獲得するためのものである。工場を共同で使用する場合は，より多くのもの（本章の ***Key Word*** 参照）が生産でき，コスト削減の面での効果が期待できる。

第２に，製品開発，生産技術，品質管理，販売などに関するスキルを移転するものであり，暗黙知的な特徴を有する知識の移転である。暗黙知とは，職人の技能や人間のものごとを行う際のコツのように，経験などを通して暗黙のうちに持つ知識であり，明確な言葉や数字では表現しにくい技能やノウハウである。この移転は，対象を具体的に把握するのが難しいために管理上の困難さを伴う。

第3に，経営者のリーダーシップや経営スタイルなどの，マネジメント上のスキルの移転であり，仕事のやり方に関する知識の移転として考えられる。

さらに，知識を一方的に移転するのではなく，企業間で新しい知識を創造するという学習的側面に関しても着目することができる。われわれ人間においても，他者と一緒に物事をすることによって，仕事のコツがわかったり，新しい発見ができたりと学習するという側面は見られる。

そして，組織間学習とは，情報や知識が組織間で相互交流し，新たに知識を形成・記憶することを意味する。自社の能力を向上させるために，組織間学習は行われ，共同での研究開発や技術開発が該当する。組織間で効果的に協働していくには，パートナー間の利害対立を回避し，組織間にある異質性の克服が課題となる。

## 3　経営戦略からみた企業間関係

つぎに企業間関係の具体的な種類について経営戦略との関連から整理する。

図8-1　企業間関係の種類

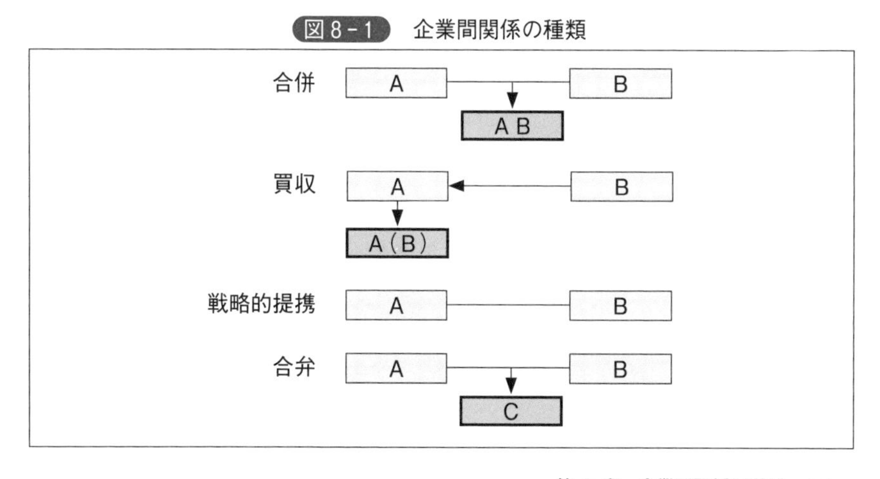

一般的な企業間での取引以外に，外部企業を活用して成長を目指していく外部成長戦略として企業間関係の構築が図られる。重要な経営資源は，自社内にあるだけでなく，企業の境界を越えて広がっているために，独自性のある企業間関係を構築することも競争優位の源泉のひとつとして考えることができる。つまり，優れた経営資源を有する企業と結びつくことにより，新しい価値のある経営資源や知識が獲得でき，企業に柔軟性と効率性をもたらす。こうした方法は，時間的なメリットがあり，すばやく目標を達成できる可能性が高く，他企業との融合を行うので「ハイブリッド戦略」ともいわれる。

たとえば海外でビジネスの交渉があり，外国語が必要な場合に，専門の通訳を頼み，自分に不足する語学力を補うような場合が該当する。自分自身にはその語学力はないが，交渉はうまく行うことができる。また，特殊な言語が必要になる時でも，専門の通訳を依頼すればよいので，柔軟に対応できるというメリットもある。自分で語学を勉強してマスターするための時間を考えなくてもよい。ただし，通訳料の支払いというコストは発生する。

ここでは，外部成長戦略の代表的な種類であるＭ＆Ａ（合併・買収），戦略的提携（アライアンス），合弁（ジョイント・ベンチャー）を取り上げて，それぞれの特徴について検討する。

**企業間で強い結びつきを作るＭ＆Ａ**　Ｍ＆Ａは，ある企業の所有権を取得し，外部から経営資源や知識を獲得する戦略である。不足する経営資源を補完し，中核事業を強化して競争優位性を向上させることを目的に行われる。また，新しい事業の買収による多角化戦略の手段としても実行される。

既存企業を外部から取得するので，いちから事業の開発をする時間を考えなくてもよく，時間短縮効果が大きな利点となる。相手企業の従業員（ヒト），施設・設備（モノ），金銭的財産（カネ）などの有形の経営資源を取得する一方で，技術やブランドなどの見えざる資産の取得も可能である（宮島英昭編『日本のＭ＆Ａ』，東洋経済新報社，2007年）。

ただし，合併と買収はその特徴が異なる。合併は，Ａ社とＢ社が一緒になってひとつの法人格ＡＢ社となる形態である。市場支配力を高める場合に効果がある。買収は，A社がB社を取得してA社の一事業としてB社を位置づけるような形態である。新規事業に参入する場合に効果があり，ソフトバンクがボーダフォンを買収して，ソフトバンクモバイルとして携帯電話事業を立ち上げた事例がある。

M＆Aの効果は2つの視点から考えることができる。第1に，競争的地位を高める効果である。同業企業と一緒になる水平的拡大によって，市場支配力を高めることができる。業界のなかに新規参入企業が増えるわけではないので，企業間の激しい競争を回避できるという側面もある。また，自社にはない製品市場分野を持つ企業と手を組むことにより，競争的地位を補完できる。

第2に，企業の経営資源や能力を強化する効果である。自社に不足している補完的経営資源や，コア・コンピタンスを強化するような経営資源をもつ企業と一緒になることにより，他企業に対する独自性や模倣困難性を高めることができる。内部開発に要する時間を考えずに見えざる資産も獲得でき，独占的に相手企業の経営資源や能力を吸収できるので，シナジー効果の創出も期待できる。

M＆Aを活用して巨大グループを短期間のうちに形成した例としてLVMH社（Moet Hennessy Louis Vuitton）がある。1987年に高級皮革品のルイ・ヴィトンと高級洋酒のモエ・ヘネシーが合併して設立された持株会社であり，1989年にベルナール・アルノーが経営者に就任してから積極的なM＆Aを繰り広げてグループの拡大を図り，わずか10年あまりで世界一のブランド帝国を築き上げた。

とくにブランド買収戦略を展開し，ブランドの拡大と販売網の拡大というマルチブランド戦略を展開する。各ブランドには個性があり，特定の顧客層をターゲットにしている。顧客層を広げるには，ひとつのブランドで多くの顧客をカバーすることはブランド価値を低下させてしまい，非効率であるので，新しいブランドを立ち上げるしかない。

しかし，高級ブランドは伝統があり，短期間では育成できないために，既存の有力ブランドをセグメントを埋めるように買収していくのである。その結果，服飾・皮革品ではフェンディ，セリーヌ，時計ではタグ・ホイヤーなど約50のブランドからなるグループを形成していった。

**競合企業でも一時的に手を組む戦略的提携**　戦略的提携(Strategic Alliance：アライアンス）とは，各企業が独立性を維持したまま，他企業と一時的に特定分野で手を組むことである。戦略的提携は，競合企業間においても行われることがあり，株式所有を必ずしも伴わないので，M＆Aに比べると緩やかな企業間関係であり，当初の目的が達成されると解消される場合もある。生産委託，販売委託，共同開発，共同生産，共同販売，技術援助など多様な形態がある(Hamel, G. & Y. L. Doz, *Alliance Advantage*, Harvard Business School Press, 1998. 志太勤一・柳孝一監訳『競争優位のアライアンス戦略』ダイヤモンド社，2001年)。

戦略的提携の目的は，経営資源の補完にあり，市場調達とM＆Aによる取得の中間的な手段として位置づけられる。まず，市場調達は一時的なために，価格や供給量の変動があるが，戦略的提携の場合は，長期的で継続的な取引が実行可能である。市場調達では，見えざる資産までは取得することは難しいが，戦略的提携では協働作業を通して知識やノウハウの獲得も可能である。

M＆Aでは，取引額も巨額になり，統合後の調整作業もきわめて複雑なものとなり，多大な労力とリスクを伴う。これに対して戦略的提携では，相手企業の株式をすべて取得するわけではなく，各企業の独立性は維持されているの

***• One Point Lesson***

### アライアンスの思想はトレンドか

アライアンスはＭ＆Ａとちがって企業の自由や自律を前提にした協働・協力の関係です。そこには，平等，自由と協調の思想があり，そして，それを支える自律と，共生への願いがあるかもしれません。また，提携を組むことで，効率が高まるとか，創造性が生まれるという考えへの信頼感があると思います。もっとも，企業間には，たえずきびしい競争があることも事実です。

で，比較的低いリスクで必要な経営資源を獲得できる。

たとえば自動車業界において，戦略的提携を活用するケースが多く発生している。次世代環境対応エンジンの開発において，開発コストが巨額になることや，現在の技術水準では十分な製品が開発できない場合に，先行する技術を持つ競合企業と共同開発をしたり，技術供与を受ける企業がある。

戦略的提携の相手企業となるパートナー企業にとっても，当該技術をより多くの自動車に使用でき，量産化した際には規模の経済を獲得できるというメリットがある。したがって，戦略的提携は基本的には，関連する企業間の関係は対等というWin-Winの状態にあり，一方の企業だけが成果を独占的に得る場合には，その関係は崩れてしまう。

**企業どうしが出資をして新しい企業を作る合弁**　合弁（Joint Venture：ジョイント・ベンチャー）とは，企業どうしが出資をしあって新しい企業を設立することである。たとえば日本企業A社と海外企業B社が出資をして，日本にB社の法人を作る場合が該当する。多くの場合，出資比率が50%ずつであるが，合弁企業は独立した存在として事業が運営される。

海外企業が本国では強い企業であったとしても，日本の市場への参入が初めての場合には，市場でのノウハウが不足しており，また顧客のニーズなどの情報収集にも限界がある。そこで，現地の市場に詳しい日本企業と手を組んで，日本の市場動向を学び，日本人のニーズにあうような商品開発を実践し，リスクを低下させるという効果を狙う。また，100%出資で新しい市場に参入した場合には，失敗した時に100%の損失を被るが，出資比率が低いために，損失も低下させることができる。

実際にカフェチェーンのスターバックス コーヒーは，日本への参入の際に合弁の形態をとっている。スターバックスの本社はアメリカであり，日本のサザビー（現サザビーリーグ）との合弁で1995年に設立された。本社からはイメージや中核商品の導入を行い，食べ物などは日本人の味覚に合うように日本でも開発していくというように，グローバルな価値観とともに地域に根ざした商品開発を行い，成長してきた。その後，2015年に米スターバックスが日本事業を完全子会社化している。

つまり，資本だけではなく，経営資源も持ち寄って，事業の運営に当たる。ただし，対等な出資関係の場合には，合弁企業の実質的な管理をどちらの出資企業が行うのかというパワーの問題がでてくる。出資比率が大きく異なる場合には，高いほうが実質的な権限を持つことが容認されるであろうが，対等な場合には対等性とか，平等性が過度に意識され，調整作業が難しくなる。

## 4　グループ経営の視点

企業間関係は１対１の関係のもののほかに，複数の企業がなんらかの関係性によって結びついた集合体としてグループを形成する場合も近年多くなってきている。ここでは，複数企業の企業間関係という視点から，グループ経営について，従来あった形態である財閥や六大企業集団，垂直型の企業グループの特徴を整理し，近年の議論の対象である戦略的グループ経営について考察する。

グループの考え方　　企業グループについて考える場合,「全体」と「部分」という概念とともに，全体最適と部分最適という考え方から，全体は単なる部分の合計ではないということを理解することが必要になる。ここでいう部分最適とは，個としての最適な行動が，全体にとって良い結果をもたらすという考え方である。

つまり，部分のそれぞれが最大のパフォーマンスを追求し，その総和としての全体も高い業績を獲得できるというものである。たとえば，タレントグループで日頃はメンバー個人の活動を重視して，イベントなどでグループとしてまとまるような場合が該当する。しかし，部分最適を追求する結果として，事業間競争などを引き起こし，全体としては必ずしも最適化しないという問題もある。

全体最適とは，グループ全体の最適化を図ることである。部分間で重複がないように，全体的な視点から調整を行い，全体のパフォーマンスの最大化を目指す。タレントグループの内部でメンバー間の結びつきを強くし，つねにグループとして活動するような場合が該当する。近年のグループ経営では，全体最適による発想が重要になっており，関連企業の相互関係やネットワークを密接にすることが求められる。しかし，つねにグループ経営は効果を発揮するわけではなく，コングロマリット・ディスカウントというグループ全体の事業価値が，個別事業の総和を下回る現象がある。つまり，全体最適が部分最適の総和以下になってしまう現象である。

コングロマリットとは，相互に関連のない事業に多角化し，企業の規模拡大を図るものであり，結果的に事業の選択と集中ができずに利益率が低いものになるおそれがある。事業どおしに関連がないために，効果的に運営するための経営上のスキルも活用できず，不採算事業を抱えることになってしまい価値の低下をもたらしてしまう。

**グループ経営の展開**　グループ経営の概念は，近年出てきたものではなく，戦前から議論されてきたテーマである。従来の財閥，六大企業集団，垂直型の企業グループというグループ形態は，親会社を中心とするピラミッド的な階層的組織構造であり，関係会社（子会社）の自主性は軽視され，支配従属関係のもとで親会社の事業を支えるひとつの機能にすぎないと考えられてきた。

### （1） 財　閥

第２次世界大戦前の財閥（三菱，三井，住友，安田など）は，同族が持株会社を所有する形態をとり，グループ傘下の子会社株式を所有し，企業支配を主たる業務とした垂直的支配構造の企業集団であった。持株会社は，子会社の事業活動と財閥全体の運営に関わる経営方針・意思決定を行い，直接的に子会社の事業運営を行うわけではない。

こうした純粋持株会社は，公正・自由な市場競争と，企業支配の集中化を排除する目的から，1947年に独占禁止法が制定され禁止されてきた。ただし，1997年に解禁され，近年では経営統合という形態をとり，持株会社を創設し，その下に各子会社が置かれている。○○ホールディングスという形態がこの持株会社に該当する。

### （2） 六大企業集団

六大企業集団とは，戦後に発展した企業グループである。三菱銀行，三井銀行，住友銀行の旧財閥グループに加え，第一勧業銀行，富士銀行，三和銀行を軸とした産業横断的な特徴がある。たとえば三菱系の場合には，三菱商事，三菱電機，三菱自動車，三菱化学などというように，さまざまな異業種がメンバー企業になっている。

こうした企業集団が形成された背景には，企業間の株式の相互持ち合いによって敵対的買収を回避することがあり，中核銀行による市場よりも低金利での系列融資，中核商社を経由した相互取引などメンバー企業には多くのメリットがあった。また，情報交換を目的とした社長会が開催されるなど，異業種の情報が収集できる場でもあった。企業集団も，株式の相互持ち合いが崩れてきたことや中核銀行の合併（住友銀行とさくら銀行が合併し，三井住友銀行になった）により，現在ではかつてほどの影響力は持っていない。

### （3） 垂直型の企業グループ

昭和30年代以降，トヨタ自動車，日産自動車，日立製作所，松下電器産業など自動車や家電メーカーを中心とするグループが形成されていく。親会社の製造工程を補完するために，部品の供給や生産活動の分担をする会社が設立され

***• One Point Lesson***

#### 「コラボレーション商品」の登場

現在，異なる企業同士が，共同で新商品の開発を行うというコラボレーション商品が数多く登場しています。たとえば，菓子メーカーとファストフードチェーンが共同開発するなど，菓子などの食料品において活発です。こうした新商品は，大きな売上を目的とするよりも，販売期間を限定して話題を作り，いままでとは異なる顧客層をターゲットにしていくという実験的な観点から実行されるケースが多いようです。消費者にとっては，定番商品にはなかった斬新な商品を目にすることによって購買意欲を刺激し，また販売企業の再評価につながる可能性もあります。さらに，販売チャネルの拡充にもつながります。菓子であればスーパーやコンビニが主要チャネルになりますが，ファストフードチェーンとの共同商品であれば，ファストフード店の店頭にも並べることができ，新しい顧客層の獲得につながる可能性もあるでしょう。

る。部品メーカーもさらに細かい部品を下請けメーカーに依頼するというように，メーカーを頂点に下請構造が階層的にできあがる。こうした構造は，部品メーカーの技術力の向上を促し，日本企業の国際競争力を向上させる要因でもあった。近年では，下請けメーカー自体も提案力を持ち，独自のモノ作り技術から優位性を発揮しているケースも見られる。

戦略的グループ経営への進化　　近年のグループ経営では，戦略的な概念を導入して，戦略的グループ経営として議論されている（伊藤邦雄『グループ連結経営』，日本経済新聞社，1999年）。親会社と関係会社の間が支配・従属的な関係ではなく，相互理解の精神にもとづいたネットワーク的な関係が形成される。関係会社の自主性を活かしながら，親会社が中心となって迅速かつ柔軟に対応する体制を構築し，グループ全体で成長を図る全体最適がもとめられる。ただし，グループ内企業が高い自主性を持つようになると，それぞれが分散化の傾向に陥る。そこで，統合力を生み出すための仕組みが必要になる。

まずは，グループ本社が戦略本社としての高い企業間調整能力を構築し，企業グループ全体のビジョンや理念を設定して，グループの方向性を明確化することである。そして，グループ企業間における情報共有と人材交流を活発にし，重要な情報をグループ全体で活用していくことが効果を発揮する。

情報交流においては，情報技術の革新によって，物理的な距離の問題は解消され，情報のグループ間活用は行いやすい環境になっている。また，人材交流に関しても，従来のように出向や転籍よりも積極的な人材活用を目的とし，適材適所の配置を課題とし，親会社と関係会社の間で優位・劣位という関係をなくすことである。

グループは，現状の形態のままでは発展することは難しいので，環境にあわせて変化させることが課題となる。まず，従来のグループのなかには存在しない異質な要素をＭ＆Ａなどによって外部から取り込む場合である。そして，既存事業に他社の事業を組みあわせることで自己革新を目指していく。

また，ある特定の機能やドメイン（事業領域；135頁以下も参照）に集約し，必要のないものは分社化やアウトソーシングによって社外に出す場合である。

企業の事業を内部事業と外部事業をあえて分けることによって，外部事業については独自の発展を目指し，内部事業に新しい視点をもたらしていく。

つまり，異なる性質や秩序を持つ個が相互に影響しあう仕組みを構築することが，課題となる。つまり，グループ内の各企業が創造性を発揮し，グループ全体で効率的に動けるように，各メンバー間の融合が現在のグループ経営には必要である。たとえば「パナソニック」は2008年10月に「松下電器産業」から社名変更し，ブランドをグローバルレベルで浸透させ，その価値の向上を目的としている。そのために，グループの総合力が今後の競争を生き残っていくキーであるとして，それぞれの専門分野に分社化した組織を結集させて，いままでにはない画期的な商品開発の実現など，グループ内に分散していた知の結集を行っている（「パナソニックの野望」『日経ビジネス』2008年 9 月15日号)。

## 5　おわりに

われわれ人間が他者との関わりなしに生活していくことができないということと同じく，企業も他の企業との関わりなしには経営活動ができない。現在の企業経営を分析していくなかでは，企業間関係も対象にすることは重要なテーマとなっている。さまざまな理由から企業間関係は形成され，その形態も多岐にわたる。企業は，自社の環境にあわせて臨機応変な企業間関係を構築し，単独企業の能力ではなく，グループとしての総合力で競争していくことがもとめられる。

また，従来のグループ経営においては，親会社と子会社は主従関係の立場にあったが，現在では組織間学習を実現するなどのパートナー的な存在へと関係が変わってきている。他の企業の経営資源を活用して，自社内部の経営資源と組みあわせ，競争力を強化していくことが，変化の激しい環境のなかでは必要であり，すべてのことを自社で行うよりも時間短縮の効果も期待できる。

## *Key Word*

**規模の経済と経験（曲線）効果・範囲の経済**：「規模の経済」とは，一定期間内の生産絶対量が増えるに従って，製品単位当たりの固定費が低下することによって生まれる経済的効果である。工場設備のような固定費は，生産規模を大きくすれば，多量の製品に広く負担させることができるので，単位当たり固定費は小さくなっていく。なお，「規模の経済」に似た概念として「経験（曲線）効果」というものがある。これは，製品の累積生産量が倍増するごとに，単位当たり費用が10-30％逓減するという効果である。多く作るという経験からの学習による効果である。範囲の経済とは，複数の事業活動をそれぞれ別の企業が行うよりも，1企業で行ったほうが，個別企業で発生する費用の合計よりも少なくすむ効果である。技術やブランドなどの経営資源の多重利用による効果である。

**ネットワーク型組織**：職能部門制組織や事業部制組織は，ピラミッド型の階層組織である（第10章参照）。この組織構造は，権限と責任が明確で，上下関係が尊重され，厳格なルールと手続きにもとづいた中央集権的な意思決定が行われる。

一方，近年は自律性を持つ組織単位が，相互に緩やかに連結したネットワーク型の組織構造をとる企業も見られる。分権的な意思決定が行われ，各部署などに権限の委任または委譲（エンパワーメント）がなされ，情報の伝達は横の関係で行われる。その結果，環境変化にあわせて，意思決定も迅速に行われ，部署間の結びつきが活発なために経営資源を全体で活用することができ，シナジー効果の創出が課題とされる。（若林直樹『ネットワーク組織』，有斐閣，2009年）

**マルチブランド戦略**：ひとつの企業やグループが複数のブランドを持って事業展開する戦略である。ブランドはそれぞれが強い個性を持ち，特定の顧客層をターゲットにしている。したがって，ブランドの融合やひとつのブランドで複数のセグメントをカバーするのは非効率であり，ブランドを複数所有するほうが効果的である。

また，ひとつのブランドが低迷しても，ブランドの独立性が高いので，他のブランドには大きな影響は与えないというリスク分散の効果も持つ。マルチブランド化する過程においては，新しいブランドを立ち上げ浸透させていくには，知名度を上げるために多額の広告宣伝費や時間がかかる。そこで，既存の有力ブランドを買収してグループを拡大していく方法が効果を持っている。

## Let's Try

**問題 1**

企業間関係が形成される主な理由を述べて下さい。

**問題 2**

M＆Aの形態と近年の代表的な事例を調べてみて下さい。

**問題 3**

近年の戦略的グループ経営の特徴について述べて下さい。

**問題 4**

大学内のクラブやサークルの間では，提携とか協力の関係はあるのでしょうか。また，あなたの大学は外部の組織とどのような密接な関係をつくっていますか。調べてみて下さい。

**One Point Lesson**

### 地方の再生のために

第二次世界大戦後の経済の高度成長によって大都市圏に人口が集中する（都市化）とともに，そこで活動する企業は規模を拡大し，多くの人的資源を雇用しました。これらの人びとは，若者を中心に地方から流出してきたので，地方の人口は減少し，地方の町や村は衰退してきました。地方の再生のために，経営学はなにを行わなければならないのでしょうか。ぎすぎすした余裕のない大都市とちがって自然豊かな生活を行うことができ，所得が多くなくても，人間らしく暮らせるというメリットがあります。働く場所がないとか，不便であるという人もいますが，車とスマホ，パソコンがあれば仕事はできるし，不便ではありません。そろそろ考え方の転換が必要でしょう。Uターン，Iターンもライフやキャリアの選択肢になると思います。そして，仕事がなければ，自分でつくって起業してみる気持ちも大切です。

特定の企業に依存して生きる時代ではありません。そして，企業で雇われて働くだけでなく，起業や自営の選択肢もあります。さらに，大都市から地方にUターン，Iターンするのも選択肢になる時代であり，それは地方の再生に確実に役立つでしょう。

# 第 III 部

# 企業を動かす，変える

## ―経営の機能―

# 第9章　経営戦略を学ぶ

現代の企業は，不透明な経済動向，急速なグローバル化とＩＴ化などにより，外部環境からさまざまな影響を受けている。そのため，企業は，優れた経営戦略を用いることで，この外部環境からの影響に対処する必要がある。

## 1　企業経営と経営戦略

オープン・システムとしての企業　　経営とは，人びとの協働に基づくシステムであるといわれている。企業の行動や成果は，人びとの協働を通じて生み出される。そして，この協働をどのように組織化するか，つまり，どのように従業員を配置し，どのように指揮すればよいのか，また異なった内容の仕事をどのようにまとめ，組織づくりを行うべきかなどは，経営研究の主要な課題であり，それは経営学のルーツともいえる研究分野である。

しかし，経営研究の出発点となったテイラーの科学的管理やその後のリーダーシップ・スタイル論，インダストリアル・エンジニアリング（ＩＥ）などは，環境を所与のものとみなし，それとなんらの相互作用を行わない「クローズド・システム」として企業をとらえていた。そして，その組織内部の設計を工夫することで，より効果的な経営ができると考えていた。

テイラーらの研究が起こった20世紀初頭は環境が安定しており，攪乱（かくらん）要因も少なかったため，その将来予測が相対的に容易であった。それゆえ，環境を固定的に考え，組織内部の問題に経営の力点を置くことは合理的であったといえよう。

しかし，現実の企業は，第2章でも述べたが，環境と活発な相互作用を行う「オープン・システム」である。なぜなら，企業が存続し続けるためには，環境から経営資源（ヒト，モノ，カネ，情報など）を取り入れなければならないし，これらの資源からつくりだされる製品やサービスを環境に提供しなければならない（図2-2を参照）。

加えて今日では，急速な技術革新の進展，消費者嗜好の流動化，競争のグローバル化などにより，企業を取り巻く環境は，めまぐるしく揺れ動き，ますます不透明になっている。

そのため，現代の企業は，自己を環境から隔離することができない。むしろ，複雑，かつ不透明な環境にいかに対処するか，またはその変化をいかに先取りして企業自身の姿を変え，新しい環境に適応するかが，企業そのものの生死を握る重要な要素になっている。

換言すれば，今日の企業は，その外部と内部に同時に注意を払いながら，両者を整合させる必要がある。そして，その際，この整合を図るための方向性や指針を提供するものが経営戦略であるといえる。

経営戦略の誕生とその背景　「戦略（strategy）」とは元来，軍事用語であり，語源的には古代ギリシャ語の「stragegos」に由来し，「将軍の術策」を指している。つまり，戦略は，敵を見定め，兵力や兵器などを効果的に配分，展開するための方策を意味している。

他方，「戦術（tactics）」は，個々の戦闘において敵の行動や状況の変化を機敏に捉えて，軍隊を臨機応変に使用する手法を意味する。それゆえ，戦術は，短期的な状況の変動に即応して変化することになる。これに対して，戦略は，短期的な変動に翻弄されることなく，組織を成功に導くために，比較的長期にわたり一貫して追求すべき意思決定のガイドラインである。

この戦略という概念が経営学に導入されたのは，1960年代のアメリカであり，チャンドラー（A. D. Chandler, Jr.）やアンゾフ（H. I. Ansoff）などの研究が原動力になっている。そして，それは，1960年代になると企業の経営環境が急速に変化しはじめ，その変化が予測しにくくなったという時代背景を反映している。

つまり，それまでのアメリカの消費者は，旺盛な購買意欲をもっていたため，フォード式の大量生産によって創出された画一的な製品を無条件に受け入れてきた。しかし，生活水準が高くなるにつれて，消費者は個性的な製品をもとめるようになり，このような画一的な商品が売れなくなった。

そのようなとき経営戦略は，ニーズが高度化した消費者に対して，それは市場という環境の変化を意味していたが，どのように対処すべきなのかという問題意識から誕生した。

チャンドラーとアンゾフによる戦略の定義　上述した状況下で，チャンドラーは，1962年に出版された『経営戦略と組織（Strategy and Structure）』において戦略を，「企業の基本的な長期目標や目的を決定し，これらの諸目的を遂行するために必要な行動を選択し，経営資源を割り当てること」と定義した。

他方，アンゾフは，1965年に出版した『企業戦略論（Corporate Strategy）』において戦略を，「部分的無知の状態の下での意思決定のためのルール」と定めている。換言すれば，部分的無知とは，利用できる情報や知識が不足している状態であり，企業が意思決定を行うときのルールとして戦略をとらえている。

***• One Point Lesson***

## 日本の経営者に経営戦略能力はあるのか

1990年代前半にバブル経済が崩壊して以降，日本の経営者の経営能力が真に問われています。多くの企業が経営破たんに陥りました。“大変”な時代を生きつづけるためには，経営能力を発揮していかなければなりません。とりわけ将来をみすえた経営戦略や将来ビジョンを立案し，実行することがもとめられています。しかし，その能力を本当にもっているのでしょうか。

さらに，アンゾフは，この意思決定を，①戦略的決定，②管理的決定，③業務的決定の３つに区分した。このうちの戦略的決定とは，「企業と（市場）環境とのあいだの関係に関する決定」を指し，その核心は，どのような製品やサービスを，どのような市場に提供するかに関する決定である。

たしかに，アンゾフは，この戦略的な決定と上述した戦略とを区別している。だが，彼の定義のなかにある「部分的無知の状態」は，環境を取り扱う戦略的な決定においてもっとも顕著に現れることから，戦略は，この戦略的決定に際してとくに有意義な概念になる。

このように，経営戦略とは，可変的な環境下で，その変化に対応，または，それを先取りしながら成長するために，企業と環境とのあいだの長期的なかかわり合いを示す構想であり，企業活動に指針を与えるものである。また，経営戦略は，この指針に基づき，経営資源を割り当てることができるようなものであるといえる。

## 2　経営戦略の変遷と経営のファンダメンタルズとの関係

経営戦略における主要な論点の変遷　　前述したように，経営戦略は，1960年代後半以降，とくにアメリカの企業経営において主要な一翼を担うようになった。ただし，この時代の経営戦略に関する主要な論点は，消費者ニーズが多様化していたことや既存事業の成長力が鈍化していたため，もっぱら事業や製品の多角化に置かれていた。

1960年代のアメリカは，1950年代に比べ成長のペースが鈍化したものの，それでもまだ経済成長期の渦中にあった。そのため，潜在的な新規需要を開拓する余地は大きかった。そして，このような成長期では，新規需要を目標にした多角化は効果的であった。

これに対して，1970年代に入ると，多角化をいかに行うかという問題よりも，多角化した事業活動をいかに管理するかという問題に関心が移行し始める。その理由は，市場需要が低迷する傾向がみられ，かつ競争による圧力が増大したからである。

図9-1　プロダクト・ポートフォリオ・マネジメント

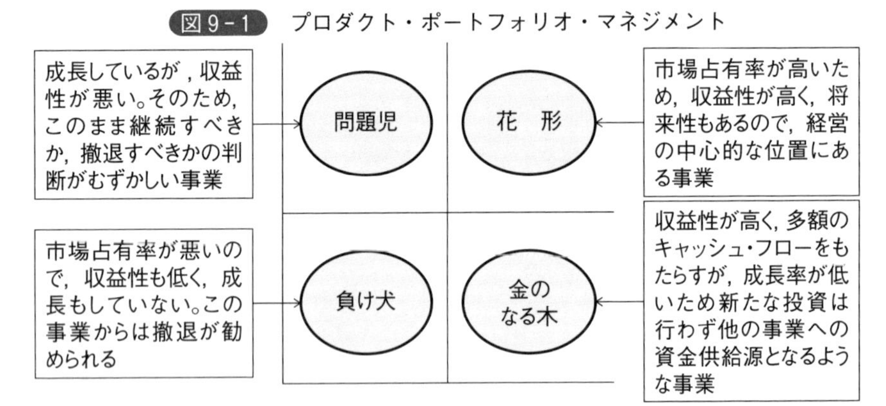


出所：J.R.ガードナー他編『戦略計画ハンドブック』，ダイヤモンド社，1988年を利用して，筆者作成。

また，市場成長率の停滞と採算性の低下から，これまでのようにむやみに製品や事業を拡大することができなくなった。逆に，限られた経営資源を使って最大限のリターンを得ることがもとめられるようになったからである。

そこで，1970年代の企業は，投資（多角化）すべき分野と，撤退，収穫すべき分野を総合的に判断し，製品や事業のポートフォリオを適切にマネジメントすべきであると考えるようになった。

この課題に対して，最も積極的に取り組んだのはジェネラル・エレクトリック（ＧＥ）社であった。同社は，多角化した事業への経営資源（とくに投下資金）の配分を合理化するための手法を開発した。一般的に，「プロダクト・ポートフォリオ・マネジメント（ＰＰＭ)」と呼ばれる手法がそれである。

ＰＰＭは，多角化した事業を，その事業が所属する市場の成長率と，その市場で有する自社の相対的マーケット・シェアの２つの次元で構成されるマトリックス上に位置づけ，これにもとづき諸事業間のキャッシュ・フローのバランスをとりながら，長期的に安定した成長を図ろうとするものである（図9-1参照)。

他方，1970年代後半になると，企業全体にかかわる戦略に加えて，特定の事業の戦略を考察する事業戦略の確立を模索する試みが生まれてきた。そして，そこでは，ＰＰＭなどによる経営資源の合理的な活用だけでなく，限られた市場をいかに獲得するか，または獲得した市場を競合他社からいかに守るかという点に強い関心が向けられるようになる。

この関心に対して，ポーター（M. E. Porter）は，経済学の産業組織論の成果を取り入れ，競争戦略論を展開する。そして，彼は，1980年に刊行した『競争の戦略（Competitive Strategy）』のなかで，「魅力ある産業」を発見できるかどうか，また，その産業内で競争優位性を確保し，維持できるかどうかが，企業の成功と失敗を決定づける指標になると主張した。

経営戦略と戦略的経営　　ポーターの研究に触発されることで，1980年前半は「競争戦略」が着目された時代であった。そして，他社よりすぐれた巧みな戦略が策定できれば，市場競争に勝てると考えられていた。また，競争戦略に関連した書籍が多くのビジネスマンや研究者に愛読され，それはあたかも「企業経営のバイブル」のごとくもてはやされた。

しかし，1980年代の半ばになると，この考え方に疑問が投げかけられるようになった。なぜなら，この時期になると市場競争が著しく激化してきたからである。その結果，ポーターがいう「魅力ある業界」は，霧散（むさん）したか，または，その発見が非常に困難な存在になったからである。

また，1980年代のアメリカの大企業において合理的に策定された経営戦略のうち，実際に成功したものは10％未満であるという調査結果が発表されたり，大企業の失敗の70％～90％は戦略の誤りではなく，戦略をうまく実行できなかったことが原因であるという指摘がなされたりしたことも，この疑問を認めさせるものにした（R. キャプラン＆D. ノートン『キャプランとノートンの戦略バランスト・スコアカード』，東洋経済新報社，2001年）。

この疑問に対して，ピータース（T. Peters）とウオーターマン（R. Warterman）は，著書『エクセレント・カンパニー』のなかで，戦略について考えるとき，その守備範囲をはるかに超えて，組織のかかえている問題を同時に検討しなければならないと主張する。

つまり，戦略は，「組織構造」，「経営スタイル」，「管理システム」，「組織の

図9-2　戦略と戦略立案に影響を与える6つの要因

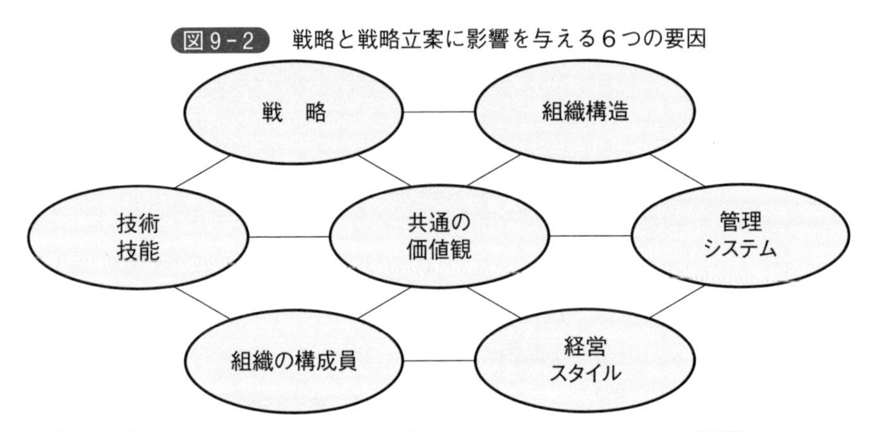


出所：T. ピータース&R. ウオーターマン『エクセレント・カンパニー』，講談社，1986年を用いて筆者作成。

構成員」，「共通の価値観」，および「技術・技能」の6つの要素と相互に切り離せない関係にあるとピータースらはいう。そして，組織は，この相互作用によって環境への適合行動を行っていると考えた（図9-2参照）。

たしかに，経営戦略を具現化するのは，組織の構成員である。また，他社の追随を許さない競合優位性を創造するのも，組織の構成員の活動を通じてである。他方，厳しい競争の時代に勝ち残るためには，他社よりすぐれた戦略をいかに策定するかだけでなく，他社よりも早く戦略を立案し，それを実現できるか，という意思決定の仕組みと実行体制の優劣が重要になる。そして，この仕組みや実行体制は，組織構造，組織文化，経営スタイル，管理システムなどに多大な影響を受けるであろう。

このようなピータースとウオーターマンの問題提示を契機に，①経営戦略の実行には人や組織の問題がかかわること，②経営戦略に適合した組織構造，管理システム，組織文化などをいかに構築するかが経営戦略の有効性を決める重要な要素であることが認識されはじめた。

そして，企業の人的資源や組織構造などの問題を含めて，より広い組織的な文脈のなかで，経営戦略の策定から実行までの問題を位置づけようとする考え方が現れてきた。この考え方を，「戦略的経営」という。

戦略的経営は，一般に，「組織体の企業家的な活動，組織体の革新と成長，より具体的には，組織体の諸活動を導くべき戦略の開発と実行にかかわるプロセス」と定義される。この戦略的経営という考え方の台頭とともに，経営戦略についての議論は，経営組織全般に関する議論と密接なかかわり合いをもつようになったのである。

## 3　ドメインと競争戦略

経営戦略の体系　　経営戦略は，環境に適応するための指針であると上述した。しかし，実際にはそれは多義的に使用されており，一般には，①企業戦略，②競争戦略，③資源ポートフォリオ戦略，の３つを包括した概念としてとらえられている。

このうちの企業戦略とは，どのような「ドメイン（事業領域）」で企業活動を行うのかを，そのドメイン内でどのような事業を成長させていくのかを定めるものである。このように企業戦略は，企業の事業そのものを規定するため，その立案は，全社的な事業計画を行う経営企画部門や，社長を含めたトップ・マネジメントが担うことが多い。

これに対して，競争戦略とは，定められたドメインのなかで，競合他社といかに競争するのかを決める戦略である。企業は一定の規模になると複数の事業を行うことが多い。そのため，競争戦略は，各事業を担当する事業部が立案することになる。

さらに，資源ポートフォリオ戦略とは，業務範囲の決定と経営資源ポートフォリオの決定を行うものである。この場合の業務範囲の決定とは，調達，販売，マーケティング，技術開発などの企業活動のどの部分を，自社で行い，どの部分を他社にアウトソーシング（外部委託）するのかを決めることである。また，経営資源ポートフォリオの決定とは，経営資源をどのように配分するのかを決めることである。

この資源ポートフォリオ戦略は，企業戦略，競争戦略が決定されたのちに検討されることになる。また，企業戦略においては，ドメインの設定がもっとも重要になる。そこで，以下では経営戦略において中核的な役割を果たすドメインと競争戦略について詳述する。

ドメインの効果と設定手法

（1） ドメインの効果

企業がドメインを決定することは有意義な行為である。なぜなら，それはつぎのような効果をもっているからである。

① 対処すべき環境の確定

前述したように，ドメインとは事業領域のことである。そのため，ドメインは，企業が行っている事業の広がりを表している。そして，この事業領域が確定すると，企業が対処すべき環境が明瞭になる。また，企業が環境に対応するためには，その変化を知る必要がある。その際，ドメインが決まっていれば，収集すべき情報が限定でき，より詳細な情報を集めることができる。

② 自社が進むべき方向性の明確化と存在意義の獲得

企業が従業員やステイクホルダー（利害関係集団）に対して，ドメインを提示し，両者の間に合意が形成されると，自社が進むべき方向性を確定することができる。

また，ドメインは，企業が「リストラクチャリング（リストラ，restructuring，事業の内容や範囲の再構成）」を行うとき，つまり，どの事業を継続するのか，

• *One Point Lesson*

**在庫をもたない経営戦略の有効性と限界**

トヨタシステムは，部品などの在庫をもたない経営戦略で，合理的な経営のひとつのモデルとして知られてきました。そして，このシステムは，他の業種においても，その有効性が認められてきました。しかし，東日本大震災などで，サプライ・チェーン（製品の供給体制）が企業経営のネックになることが判明し，サプライ・チェーンをどのように再構築するかとならんで，在庫をどのくらいもつのが安全なのかという問題がリスク対応策として発生しています。

どの事業を改編するのか，などを決めるとき，その決定に方向づけを与えることができる。

さらに，ドメインが企業活動に統一的な方向性を与えることで，企業の構成員に一体感を醸成することができる。加えて，ドメインは，自社が社会に対して果たす役割を明らかにするため，自社の存在意義が明確になる。

③　経営資源の有効活用と必要な経営資源に対する指針の提示

企業が有する経営資源には限りがある。そのため，その過度の分散や集中は，効率を低下させたり，リスクを高めたりする。しかし，ドメインが明確であれば，経営資源を投下すべき範囲がわかるため，有効活用が可能となる。他方，ドメインを確定することで，企業活動に必要な経営資源がわかるため，それをどのように蓄積すればよいのかについても検討することができる。

**（2）　ドメインの設定手法**

ドメインの設定手法にはさまざまなものがあるが，エイベル（D. F. Abell）は，①顧客，②顧客機能，③技術の３つの次元でドメインを定めることを提唱している（『事業の定義：戦略計画策定の出発点』，千倉書房，1984年）。

このうちの顧客に基づく設定とは，自社がターゲットにする顧客像からドメインを定める手法である。一方，顧客機能に基づく設定とは，自社が提供する製品やサービスに対して，顧客がどのようなニーズを求めているのかによりドメインを決める方法である。さらに，技術に基づく設定とは，企業が有する中核的な技術とは何かを認識しながら，それをどのように活かして企業活動を行うかという視点からドメイン設定する方法である。

以上を換言すれば，「どのような顧客を相手にして，どのような技術により，どのような顧客ニーズを充足するのか」を考察し，その結果を成文化したものがドメインになる。

基本的な競争戦略　　ドメインの設定により事業分野が決定されると，つぎは，どのような手法で市場競争に打ち勝つかを定める競争戦略の構築が課題になる。そして，その際，競合他社に対して，どのような競争上の優位性を獲得し，維持するかが問題になる。

図9-3　3つの基本的な競争戦略

| 戦略の有利性 / 戦略ターゲット | 顧客が自社製品の特異性を認めている | 他社よりも自社のコストが低い |
|---|---|---|
| 産業全体 | 差　別　化 | コスト・リーダーシップ |
| 特定のセグメント | 集　　中　　化 | |

出所：M.E. ポーター著，土岐坤ほか訳『競争の戦略』，ダイヤモンド社を用いて筆者一部修正。

ただし，この優位性を得る手段はさまざまなものが考えられ，たとえば産業ごと，製品ごと，あるいは製品がそのライフ・サイクル上のどの位置にあるか，によっても異なる。しかし，汎用性の高い基本的な手段としては，①コスト・リーダーシップ，②差別化，③集中化の3つがある（図9-3参照）。

このうちのコスト・リーダーシップは，生産などのコストを競合他社よりも低くく抑えることで低価格を実現させ，それにより市場の主導権を獲得する戦略である。また，差別化とは，製品の耐久性，使いやすさ，デザイン，ブランド力，アフターサービスなどの価格以外の要素のなかに，競合他社が追随しにくい特異性を創出することで，競争上の優位さを確保する戦略である。

さらに，集中化とは，特定の顧客層や製品の種類，または地域市場などに企業の経営資源を集中させ，コスト・リーダーシップ，または差別化により競争優位を確保しようとする戦略である。

他方，汎用性の高い基本的な競争戦略は，「マーケット・シェア（市場占有率，市場全体の売上高に占める自社製品の割合）」に着目することにより，導き出すことも可能である。そして，それは，自社の市場占有率の高低により，マーケット・リーダー（market leader），チャレンジャー（challenger），フォロワー（follower），ニッチャー（nicher）としての競争戦略，の4つに細分することができる。

### （1）　マーケット・リーダーの基本戦略

市場で最大の市場占有率を有する企業を「マーケット・リーダー」という。そして，そのような企業は，売上高が最大であるだけでなく，収益性もよいことが多い。そのため，マーケット・リーダーの競争戦略は，現在の市場占有率，利潤，名声などを競合他社から守り，維持することになる。

そこで，マーケット・リーダーは，市場内のすべての顧客をターゲットにする傾向があり，また，市場内のすべての競争に対応できる全方位的な競争戦略を採用する傾向がある。

### （2） チャレンジャー企業の基本戦略

マーケット・リーダーの地位に挑戦し，その地位を脅かそうとする企業を「チャレンジャー」とよぶ。この場合，その企業の市場占有率が2位であっても，3位であってもかまわない。「リーダー企業に挑戦し，それを脅かす」という意思があれば，市場順位にかかわらずチャレンジャーと認めてよい。

チャレンジャーは，マーケット・リーダーの市場占有率に追いつくことが目標であるため，それと同一の市場を狙いながらも，差別化により，マーケット・リーダーとの違いを強調する競争戦略を採択することが多い。

### （3） フォロワーの基本戦略

「フォロワー」とは，マーケット・リーダー（チャレンジャーをターゲットにすることもある）の競争戦略を模倣して，市場内で安定した地位を確保しようと試みるものの，市場占有率がマーケット・リーダー（またはチャレンジャー）よりも少ない企業をいう。

フォロワーは，マーケット・リーダーの座を脅かすだけの経営資源をもっていないことが多く，そのため，確実に利益をあげていくことを競争戦略の骨子にする。それゆえ，マーケット・リーダーなどが実行して成功した戦略を模倣しながら，製品開発などのコストを極力抑えることを自社の競争戦略にする。

### （4） ニッチャーの基本戦略

「ニッチャー」とは，文字どおり，他社がまだ開拓していない市場内の「ニッチ（niche，すき間）」を探り出し，その市場内で圧倒的な地位を築くもので，換言すれば，ミニ・リーダーになることを意図する企業を意味する。

そのため，ニッチャーは，マーケット・リーダー，チャレンジャー，またはフォロワーとは，直接的に競合しない競争戦略をとる。また，ニッチャーの競

図9-4　競争地位別の基本戦略

| | 市場リーダー | チャレンジャー | フォロワー | ニッチャー |
|---|---|---|---|---|
| 基本ポリシー | 市場シェア<br>最大利益<br>名声 | 市場シェア | 利益 | 利益<br>名声 |
| 基本戦略 | 全方位型戦略 | 対リーダー差別化戦略 | 模倣戦略 | 市場特定化戦略 |
| 戦略定石 | 周辺需要拡大<br>同質化<br>非価格対応<br>最適市場シェア | 左記以外の戦略（リーダーができないこと） | リーダー，チャレンジャーの戦略の観察と迅速な模倣 | 特定市場内でのミニ・リーダー戦略 |

出所：嶋口光輝『戦略的マーケティング』，誠文堂新光社を筆者一部修正。

争戦略は，特定の市場内で利益と名声を得ることである反面，市場シェアはあまり意識していないところに特徴がある。

以上の市場地位と，それに基づく競争戦略をまとめると図9-4になる。

さらに，基本的な戦略は，商品のライフ・サイクル（product life cycle，ＰＬＣ）からも導き出せる。これは，製品は一般に，「導入期，成長期，成熟期，衰退期」というライフ・サイクルがあり（図9-5参照），その各段階での競争戦略は相互に異なるという考え方にもとづいている。

たとえば，新製品を導入した段階は競合他社がさほど存在しないと推察できるから，新製品を取り扱う企業は競争他社が参入する前に当該市場で確固とした地歩を築きたいと考えるはずである。

そのためには，製品の知名度をいち早く向上させること，および「試し買い」を誘引し，製品を実際に使用してもらうことが競争戦略上の主眼になる。また，広告・販促活動が重視される。

他方，製品が人びとに認知され，その売上高が伸びる成長期を迎えると，成長という魅力に引き寄せられた競合他社が増えることで，市場競争が激化するであろう。それゆえ，この段階では，市場シェアの獲得が競争上の目的にな

図9-5　製品のライフ・サイクル

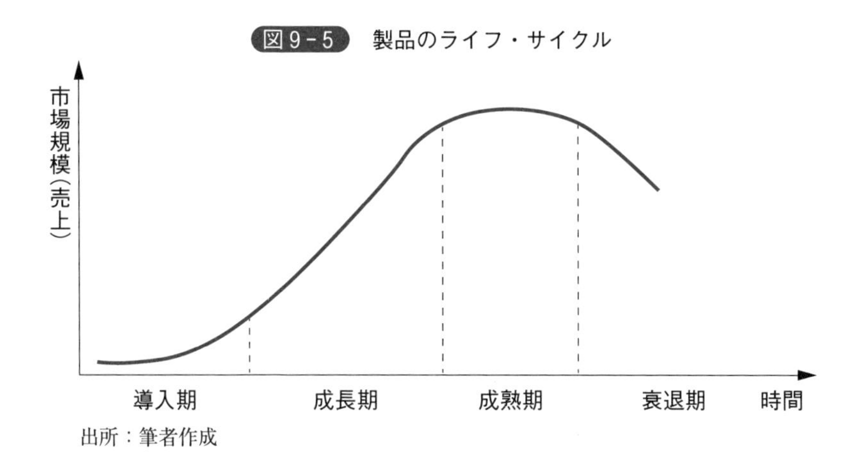


出所：筆者作成

る。なぜなら，成長期では，しばしば最大のシェアを誇る企業が最大の利益を得ることができるからである。

そこで，成長期の競争戦略は，市場シェアを獲得するために，価格政策（たとえば，価格を下げ，消費者購買を促すなど）とチャネル政策（たとえば，販売店を増やし，製品を購入しやすくするなど）が中心になると思われる。

これに対して，成長が鈍化する成熟期になると，市場への参入者も減り，むしろ安定した競合状態（競合者が固定化する状態）になると考えられる。また，成長が鈍化しているため，それまでに獲得した市場シェアをいかに防衛するかが，この段階の企業の主たる関心になろう。

それゆえ，この段階の競争戦略は，多様なブランドやモデルを展開すること，および広告・宣伝を増やして消費者のロイヤリティ（愛着心）を高めていくことを目標にしたものになるであろう。

最後に，衰退期では，市場全体が収縮していることから，そこから退出する競合他社が現れる。そして，この段階での企業は，最後の利益回収に向かうと思われる。そのため，支出は大幅に削減され，競争戦略もこの利益回収を目的にしたもの，たとえば，不採算店の閉鎖，徹底したディスカウント，必要最低限の広告・宣伝などを内容にすると考えられる。

## *Key Word*

**コア・コンピタンス（Core Competence）とコア・コンピタンス経営**：ハメルとプラハラード（G. Hamel　& P. C. Praharad）が主唱した概念であり，企業が有する「競合他社を圧倒的に上まわるレベルの能力」，「競合他社に真似できない核となる能力」を指す。そのため，この能力は，①それ自体に価値があり，②希少性があり，③当該組織に固有のものでなければならない。

そして，この能力は，ヒト，モノ，カネなどの物的な経営資源だけでなく，むしろ，情報，技術，ノウハウ，ブランド，または企業風土や組織文化などの目に見えない経営資源によって創出されることが多い。

他方，コア・コンピタンス経営とは，①競争優位性を築くために必要なコア・コンピタンスとはなにかを考察し，それを創造すること，②コア・コンピタンスを組織内に植えつけ，活用し，管理するという一連のプロセスを指している。

**シナジー効果（Synergy Effect）**：シナジーとは，2つ以上の要素が相互に作用することで，個別の価値以上の価値を生み出す効果を意味する。つまり，1＋1が2になるのではなく，それ以上の3や4などになる相乗効果をいう。

*• One Point Lesson*

### 組織は戦略に従う

これは，前出のチャンドラーの仮説です。彼は，アメリカの巨大企業の歴史的研究を通じて，経営戦略には段階的な発展の順序があることを示唆しました。つまり，企業成長の形態をみると，経営資源の拡大と蓄積から始まり，その運用の合理化を経て，新事業への進出に至るというのです。

そのうえで，これらの段階ごとに使用される企業戦略として，①量的拡大，②地理的拡散，③垂直統合，④製品多角化の4つを指摘しています。そして，たとえば，量的拡大戦略を企業が採用すると，拡大した業務をいかに統制するかという課題が生まれ，これを解消するために管理部門が発生するなど，企業の組織構造は採択された経営戦略にふさわしいものに変化するとチャンドラーは考えています。換言すれば，戦略が変われば組織構造も変わるので，「組織は戦略に従う」ということなのです。

たとえば，近年，薬品と家庭雑貨品などを売るドラッグストアが増えている。これは，同じ店舗を複数の事業（薬品と雑貨品販売）で共有することにより，シナジー効果が生まれているからであると思われる。

また，コンビニやスーパー・マーケットなどの小売店が銀行の端末機を設置しはじめていることは，シナジー効果を期待して，来店客数の増加を企図しているためである。さらに，関連事業への多角化が企業全体の収益率を高めることが多いことも，既存の事業と新規の事業の間にシナジー効果があるからである。

**戦略スタッフ**：昔の殿様には軍師（第10章のOne Point Lessonを参照）といった参謀が周囲にいて，殿様の意思決定の相談に加わっていた。現代の企業においても，経営者にとって，このような人的資源が必要であり，戦略スタッフといわれる。そして，この人材を配置する専任の組織をもっている大企業もある。

## *Let's Try*

**問題1**

ハンバーガー業界（マクドナルド，モスバーガー，ロッテリア，ファーストキッチン）の競争戦略の特徴について考察して下さい。

**問題2**

ドメインを狭く設定したとき，逆に，それを広く設定したときの問題点を明らかにして下さい。

**問題3**

経営戦略に対するトップ経営者の役割を検討して下さい。

**問題4**

関心のある企業がどのような経営戦略をもっているのかを調べてみて下さい。

**問題5**

あなたの周辺にある組織には，しっかりとした経営戦略がつくられているかについて調査してみて下さい。

# 第10章　組織をどうつくるか

企業のみならず行政，学校，病院，ＮＰＯ，スポーツチームなど私たちのまわりには多くの組織が存在する。人びとが力をあわせて働く，つまり協働の体系としての組織はどのようにつくられるのだろうか。本章では組織設計に必要な要素や，組織の基本形について学ぶことにしよう。

## 1　組織づくりの考え方

**組織成立の３要素――共通目標，貢献意欲，コミュニケーション**　個人のもつ能力の限界を超えるために，人は力をあわせることを考える（協働）。たとえば，ひとりでは持ち上がらない荷物も，３人でなら動かすことができるであろう。荷物を運ぶためには，まず，３人のあいだで「この荷物をここから，あそこに運ぶ」という目標が共有されていなければならない。さらに３人が，それぞれの力を精一杯発揮することが必要である。また，３人がばらばらに力を出してもうまくはいかない。誰がどの部分を，どのタイミングで持ち上げるのか相談して，息をあわせる必要がある。

このように，共通目標，貢献意欲，コミュニケーション，の３要素が揃ったとき，協働の体系としての組織は成立する。大昔から人は組織をつくり，活動してきたにもかかわらず，このようなことが明らかに定義されたのは，わずか70年ほど前，近代組織論の祖とよばれるバーナードによってである。

さらに，組織づくりのためには，以下のことが大切であることがわかる。

第１に，組織の目標は，メンバーに受け入れられる妥当なものでなければならないし，皆がそれをよく理解していなければならない。企業において，事業目標の明確化がもとめられ，経営理念やミッションが大切にされる理由は，ここにある。

第２に，メンバーの貢献意欲を引き出すための工夫が必要である。すなわち，適切な動機づけや，働きやすい職場環境づくり，適材適所の人員配置などが大切になってくる。

第３に，意思疎通や指揮命令のための情報伝達ルートがきちんと設計されていなければならない。そして，ルート上を多くの情報が行き来できるように，コミュニケーションを促進する工夫も必要である。

組織構造を決めるもの　組織が少人数の場合には，そのつど役割分担を決め，それを調整することが可能である。しかし，メンバーの数が増え，仕事の内容も複雑になってくれば，あらかじめ仕事の分担や内容，連絡方法について決めておかなければならない。組織における分業と調整の枠組みを「組織構造」とよぶ。それでは，組織構造を決定する要因を，レストランを例に考えてみよう。

### （1）　分業関係と専門化

まず，仕事を分割し，担当者を決めなければならない。アダム・スミスがピン作りの例で明らかにしたように，「分業」によって能率と生産性は向上する。分業によって，担当者は仕事に習熟し，専門化が図られるのである。専門化の程度，専門化の基準は組織を特徴づける。

企業のなかで，仕事の種類によって役割分担をきめることは，職能分化または水平的分化とよばれる。たとえば，レストランのホールスタッフは給仕を担当する。給仕の仕事がさらに職能分化すると，ワインの給仕という職能に専門化したソムリエという職がうまれる。

### （2）　部門化

つぎに，役割どうしを結びつけてグループとして括(くく)ることを考える。これを部門化という。部門化の様子は，組織図にあらわされる。部門化の基準はさまざまで，職能による部門化，アウトプットによる部門化，地域による部門化などがある（第6章の ***Key Word*** 参照）。

レストランならば，調理場，ホール，オフィスと，仕事を行う場所によって部門化が行われる。オフィスでは，経理や人事，調達計画づくりなどが行われているだろう。このように，直接にオペレーションを担当しない部署は，スタッフ（staff）部門とよばれる。一方，調理場やホールのように直接に生産と販売を担う部署は，ライン（line）部門とよばれる。

このライン，スタッフという言葉は，前線部隊（ライン）に対しての参謀本部（スタッフ）という軍隊組織の用語に由来している。

### （3） 権限関係と階層化

経営学の父・テイラーは，経営（マネジメント）と作業の職能は分離すべきであるとした。経営職能も意思決定のレベルに応じて垂直に分化し，これらが階層化されていく。ひとりの上司が管理する部下の数（統制の範囲）によって，階層の数は変化する（第6章の1も参照）。

一般的に，組織全体にかかわる意思決定を行う経営者階層をトップ・マネジメント，管理者階層をミドル・マネジメント，オペレーションの実行を監督する層をロワー・マネジメントとよぶ。

レストランなら，トップに店長がいて，そのもとに調理場の料理長，ホール

***• One Point Lesson***

## オーケストラ型組織の時代へ

ドラッカーによると，21世紀の企業はオーケストラ型の組織になるといいます。オーケストラではそれぞれプロの演奏家が指揮者のもと自分の楽器を駆使して，いい音楽づくりに貢献しているのと同じように，働く人びとは経営者のもとで自分の仕事をしっかり引きうけることが大切ということです。働く人びとはプロ（専門職）として，自己の責任を自覚しつつ，そのもっている専門性を発揮することが求められているのです。

の給仕長，オフィスのマネジャーとそれぞれの部門の長がいる。さらに，その下には，現場を指揮するチーフとかリーダーとよばれるような存在もいるだろう。そして，指揮命令のラインは，店長→料理長→リーダーと階層を垂直に下方へ貫いていく。

トップ・マネジメントに意思決定の権限が集中している組織は，「集権的」といわれる。権限の委任がすすんでいて，組織下部にも裁量が与えられている場合は「分権的」な組織である（第6章の ***Key Word*** 参照）。この集権か，分権かは，二者択一ではなく，程度の問題である。

（4） 公式化

あらかじめ仕事の手順やルールをきめておけば，調整はスムーズに行われる。仕事の手順，内容を決めて，ひとつの型をつくることを標準化という。そして，標準化された仕事の手順やルールなどを文書としてまとめることを，「公式化」という。公式化が行われると，手順やルールはメンバーに共有され実行が容易になるし，仕事の一貫性や，客観性が保たれる。何をどの程度まで公式化するのかによって，職務遂行の様相は変わってくる。

レストランでも，公式化され標準化された手順は，マニュアルとして整備されている。マニュアルに即した作業によって，サービスの質は一定に保たれる。しかし，マニュアルが多すぎれば，臨機応変な対応ができなくなるし，仕事が煩雑（はんざつ）になるおそれもある。

組織の管理原則　経営学には，実務家の経営経験などから抽出された組織づくりのための基本原則がある。これらは，「管理原則」とか，「伝統的組織原則」とよばれている。以下にその代表例をあげよう。

（1） 命令一元化の原則

組織において，ひとりは，ひとりの直接の上司からのみ命令をうける。命令の出所が複数であってはならない。発令者の上司は，部下に対して責任を負う。

（2） 統制の範囲の原則

ひとりの上司が統制できる部下の数を「統制の範囲」とよび，これには限界がある。上司の能力，部下の成熟度，仕事の内容などによって統制の範囲は変化する。上司と部下との間に密な連絡を必要とするような複雑な仕事の場合，ひとりの上司の統制下におかれる部下の数は少ないほうがよい。統制の範囲を狭めれば，部下への統制はより有効になるが，組織全体の管理階層は増えることになる。

**（3） 権限と責任一致の原則**

権限とは業務を遂行することができる力，責任はそれにともなう義務のことである。権限が与えられたとき，その権限にみあう責任も負う。逆に，ある業務に対して責任が課せられたならば，必要な権限も与えられなければならない。権限と責任は一致しなければならない。

**（4） 専門化の原則**

能率向上のためには，仕事を分割して，ひとりがひとつの仕事を専門的に行えばよい。ひとりが担当する仕事をできるだけ同質，単一なものにすることで，職能をより専門化することができる。

**（5） 階層化の原則**

職能は垂直分化し，階層化される。権限のラインはトップからロワーへと階層にそって垂直に引かれ，命令や情報伝達はこのラインから外れてはならない。

**（6） 権限委任の原則（例外の原則）**

日常的業務，反復性の高い仕事（ルーチンワーク）について，上司はできるかぎり部下に権限を委任する。上司は，複雑な仕事や例外的問題（一度かぎりの問題）に対する意思決定に専念できるようにする（第6章の2も参照）。

## 2 組織の基本形

組織にはひとつとして同じ形のものはないが，理念形としての基本形が存在している。以下に基本的な組織形態をみていこう。

ライン（直系）組織　ライン（直系）組織（line organization）は，「命令の一元化の原則」に基づく組織形態である。上位から下位まで指揮命令系統が直線的につながっている。最も古典的な組織の形であり，軍隊組織（military organization）ともよばれる。

この組織の長所は，単純さ，明快さにある。権限と責任の関係がきわめて明確であり，命令はトップから末端まで迅速に伝わり，組織の規律も守りやすい。しかし，短所としては，①組織の規模が大きくなると，組織の階層数が増えてしまう。その結果，下位から上位への情報伝達に時間がかかるようになり，現場ニーズと意思決定との乖離（かいり）がおこる。②上位者の責任が非常に重くなり，業務も煩雑にある。それはときに，上位者の能力を超えてしまう。

ファンクショナル組織　ファンクショナル組織（functional organization）は，「専門化の原則」にもとづく組織形態であり，ライン組織の短所を補うべくテイラーが考案した職能的職長制度が代表例である。直属のひとりの上司から命令をうけるのではなく，職能ごとに異なるそれぞれ専門的知識と技術をもった上司（職長）から指揮命令をうける。

長所としては，専門化された上司が，それぞれの見地から適切な判断を下すので，部下は高度な内容の情報や技術をうけとることができる。短所としては，複数の上司の指示にすべて従うことは難しく，また，指示内容に重複や矛盾がある場合もある。

ライン・アンド・スタッフ組織　ライン・アンド・スタッフ組織（line and staff organization）は，「命令一元化の原則」と「専門化の原則」のふたつを同時に活かす組織形態である。ライン組織とファンクショナル組織を融合して，お互いの短所を補うような形になっている。ライン組織に加えて，とくに知識や情報が必要な領域についてスタッフ部門を配置する（図10-1）。ス

図10-1　ライン・アンド・スタッフ組織

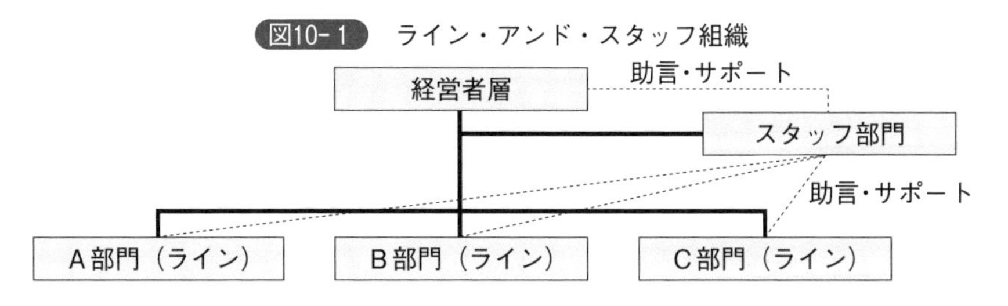

タッフ部門は，専門的な立場から助言や技術提供を行う。スタッフ部門があることで，ライン組織の短所であった上位者の過度な負担を軽減できる。

大切なのは，あくまでも指揮権はラインにあり，スタッフはそのサポートを行うという点である。スタッフの情報提供に対しては，ラインがみずから判断を下さなければならない。スタッフが指示命令を下すようになれば，命令一元化の原則は崩れてしまう。

ライン・アンド・スタッフ組織の考え方は，今日のさまざまな企業の組織形態の原型となっている。スタッフ部門の職能としてあげられるのは，経理，法務，人事，総務などである。

**職能部門別組織**　職能部門別組織（functional division organization）は，水平に分化した職能別に部門化を行ったライン・アンド・スタッフ組織の形態である（図10-２）。意思決定が部門を統括するトップ・マネジメントによって行われるので，集権的な特徴をもっている。この形態は，企業が単一の製品，サービスを提供しているなど事業内容が単純な場合に効果を発揮する。

長所としては，①業務遂行に必要な設備や人員が，部門ごとに集中して配備されるので，資源が有効に活用され規模の経済性がはかられる。②部門がひとつの職能に専門化しているので，固有の専門的な知識や技能を高度化することができる。スペシャリストの育成に有効である。③職能部門別の目標設定が可能である。

短所としては，以下がある。①部門間の調整にコストや時間がかかる。部門ごとに業務内容が大きく異なるので，水平方向のコミュニケーションが欠かせ

図10-２　職能部門別組織

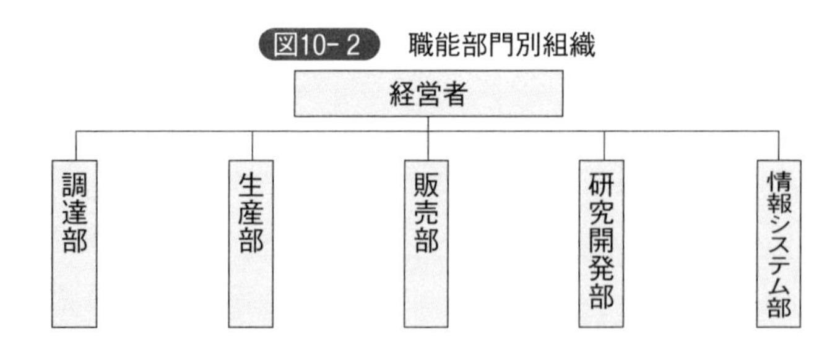

図10-3 事業部制組織

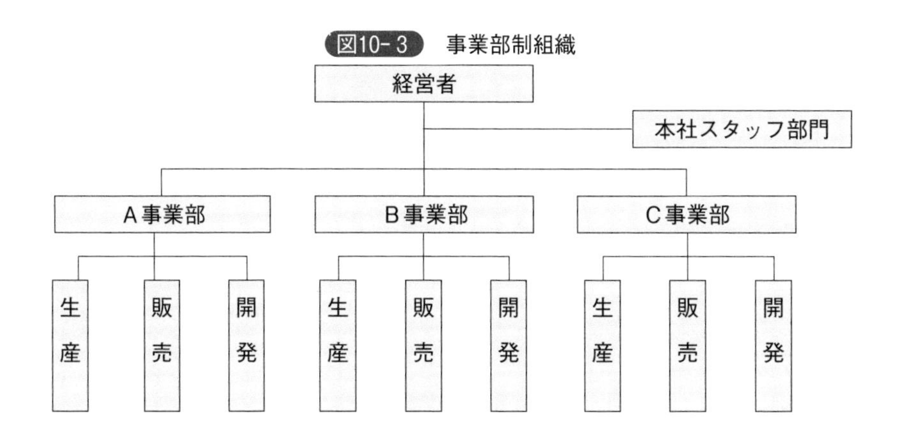


ない。②組織全体の目標に対する各部門の貢献度が評価しにくい。③トップ・マネジメントへの依存度が高くなる。

事業部制組織　事業部制組織（divisional organization）は，組織のアウトプットをもとに部門化された組織の形態である（図10-3）。企業が成長し，事業が多角化されると，それぞれの製品ごと市場ごとに，必要なノウハウが異なるので，ひとつの職能部門でそれを管理することが難しくなる。そこで，企業全体を，製品別あるいは市場別に「事業部」として部門化しなおしたのである。

事業部を意味するdivisionは，軍事用語では「師団」を指し，「師団」は単独で作戦実行を行える組織単位である。それぞれの事業部には，生産，販売，調達など必要な職能がすべて含まれており，戦略実行が可能で，ある意味で自己完結的な単位である。事業部はそれぞれ独自の製品と市場をもっており，事業遂行のための必要な権限が与えられている。トップ・マネジメントが意思決定を行う職能部門別組織とくらべて，事業部制組織は分権的な特徴をもつ。

各事業部は，利益責任単位（プロフィット・センター）とされ，事業部ごとに算出された損益によって評価される。そのため，事業部には「忌避宣言権」が認められており，もしも外部市場から調達したほうが価格や品質面で優れているならば，内部取引を拒否することができる。

事業部制組織は，1920年代からアメリカでデュポン，GM，シアーズなどに採用されている。日本では，1933年にパナソニックの前身が製品別事業部制を導入しているが，広く採用されるようになるのは60年代以降である。

事業部制組織の長所としては，①トップ・マネジメントが全社的な見地からの戦略立案に集中することができる，②市場変化や顧客ニーズにすばやく対応することができる，③部門間の競争により組織が活性化する，などがある。

これに対して，短所としては，以下がある。①明確な利益責任のもと事業評価が行われるので，事業部が短期的利益をもとめたり，部分最適を追求するような傾向に陥る。②また，事業部間の競争が過度になると，セクショナリズムや資源の囲い込みがおこる。③設備，人員など経営資源が社内で分散してしまう。そのため，全体のコストは増大する。④製品やサービスの標準化が行いにくい。⑤専門性が高まりにくくなる。

マトリックス組織　マトリックス組織（matrix organization）は，職能部門別組織と事業部制組織を組み合わせ，両者の長所を活かすべく設計された組織形態である（図10-４）。職能による部門化の軸に，製品やサービスによる部門化の軸を組み合わせて配置する。メンバーは，職能部門に属しながら，なんらかの製品事業プロジェクトにも属することになる。複数の系統から指揮命令

図10-４　マトリックス組織

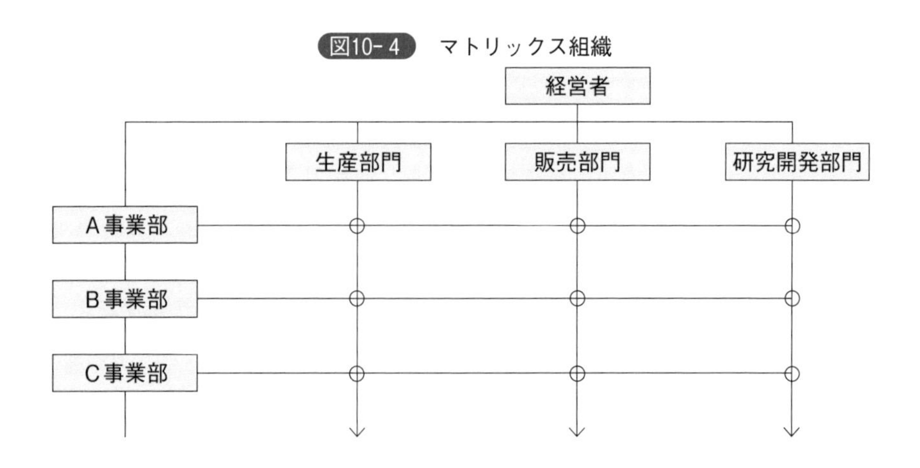

をうけるツー（ふたり）・ボスシステムは，命令一元化の原則からは外れているので，調整にはとくに注意が必要となる。どちらの命令系統を優先するのかについて，事前にメンバー間の了解がなければ，意思決定に混乱が生じてしまう。

マトリックス組織は，専門性と市場対応の両方が必要なときに有効である。たとえば，最新技術（専門性）を用いた新製品開発（市場対応）といったニーズに対応できる。また，少ない経営資源を複数の部門で共有しあうことで効率的に活用できる点でも優れている。すべての製品ラインに専門技術者を配置できるほど人員がいないとか，専用の設備を用意できないような場合でも，事業を維持することができる。グローバル化がすすむ今日では，より市場への対応力を強化するために，職能別×製品別×地域別の三次元マトリックス組織なども存在している。

マトリックス組織の短所をまとめると，①二重の権限のもとに置かれた部下にストレスが生じやすいこと，②タテ，ヨコの両方の軸に対して調整を行う必要があるため，会合や文書が多くなること，③すべてのメンバーが，この組織のシステムをよく理解し，協力関係を築かなければ，混乱が生じるのみで十分な効用が得られないことになる。

## 3　組織の実行性の向上

フラット化とネットワーク化　　チャンドラーによる「組織は戦略に従う」の命題にあるように，競争優位を獲得するための戦略が策定されたならば，その実行のために組織がつくられなければならない。

組織構造にはいろいろな形があるが，それぞれの組織構造には，強みもあれば弱みもある。要するに，組織づくりに完成形はなく，実行力を保つことが重要なのである。

目的を的確に実行するため，前節で学んだ基本的な形から，企業はより新しい組織構造へとむかっている。ひとつの流れがフラット化とネットワーク化である（図10-5）。

図10-5　組織のフラット化とネットワーク化のイメージ

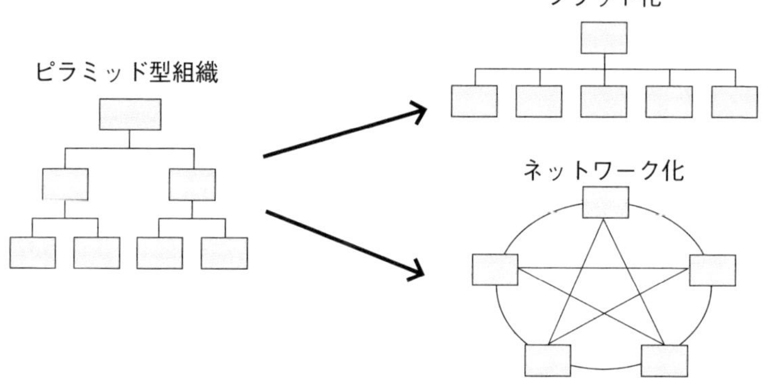


ＩＣＴ技術の進展によって，情報の収集，伝達，共有の方法が大きく変わった。ワークフローも，業務内容自体も変化した。そのため，ピラミッド型であった組織の中間層を減らすことが可能となり，横広でフラットな形へと変化している。もっともフラットな組織は，トップに各部門が直結していて文鎮型ともよばれる。フラット化した組織では，意思決定のスピードは高まり，市場ニーズにすばやく対応することが可能となる。小組織となった部門の間の垣根は低くなり，部門横断的な業務遂行がなされる。

ネットワーク化とは，小さな組織がタテ，ヨコだけではなく，あらゆる方向に自由につながり，網の目状の組織，つまりネットワークをつくることである。基本的には，小組織の間にヒエラルキーはなく，権限のラインのかわりに情報のラインによってつながっている。情報の迅速化がはかられ，市場・顧客ニーズへの対応にすぐれている。後に述べる社内ベンチャーやタスク・フォースも，ネットワークを活用した組織である。

実行力を保つための工夫

（1）　カンパニー制

事業部制組織の進化形として，カンパニー制を導入している企業がある。各事業部をカンパニー，事業部長をプレジデントとよび，あたかも独立した企業のように扱っている。それぞれのカンパニーには，経営資源を配分する権限も委任されている。独立採算制なので，事業に対する組織メンバーの責任感が高まる効果がある。各カンパニーは，より積極的に市場のニーズに応えようとするので，競争力も高まっていく。巨大化した企業のなかでの事業部間のもたれ合い，意思決定のスピード低下といった問題を解消することができる。1994年にソニーが先駆的に導入し，その後いくつもの企業に採用されている。

### （2） 社内ベンチャー

企業内で新たな事業機会を発掘するための仕組みである。企業の内部に，あたかもベンチャー企業が立ち上がるように，独立的な事業組織を設け，新規事業に取り組む。社内の経営資源を利用できるうえに，取引上の信用性も得やすい。

そのため，未知の新規事業にも思い切って挑戦できることになる。社員からの起業プランの募集や，意欲ある人材を募るかたちでの社内ベンチャー制度は，大企業を中心に導入がすすんでいる。社内ベンチャーから思わぬヒット商品が出現することもある。若手社員の動機づけや社内活性化にも有効である。

### （3） タスク・フォース（プロジェクト・チーム）

タスク・フォースとは，軍事用語では，ある特別な任務を遂行するために編成される部隊のことである。企業においては，一定期間，専門家が集まり結成されるチームのことをさす臨時ないしは一時的な組織形態である。短期間で結果をもとめられるような特定問題の解決や新製品開発などに活用される。

能力ある人材を，組織横断的にあつめることで，的確な業務遂行が可能であるし，新たな出会いによる知識の創造，シナジー効果が期待できる。チームの人数は多くても数十人ほどで，目的が達成されるとメンバーは解散する。知識を蓄積したり，継続的に活用したりすることはできないが，瞬発力のある組織形態である（第6章の ***Key Word*** 参照）。

## 4 組織を育てること

組織は，人間どうしのつながりによる有機的な存在である。構造設計以外にも，「組織づくり」のために必要なことがある。

人材育成　組織を構成する人は，人的資源とよばれる（第5章の4も参照）。人的資源の最大の特徴は，1単位当たりの価値が変化することである。学習や経験によって能力，技術を高度化し，価値を増大させることができる。そこで企業は，教育訓練による企業内での能力開発プランはもちろんのこと，組織外での学習機会の提供や，人的交流の推進など，人的資源の成長を促すさまざまな工夫を行っている。

企業内での能力開発は，仕事を通じての体験的学習であるＯＪＴ（On the Job Training）と，研修など職場を離れての学習OFF-JT（Off the Job Training）との組み合わせによって主になされる。

日本企業で行われている人事ローテーションもＯＪＴの一種である。この人事異動によって数年単位でさまざまな部署，地域で働き経験を積む。幅広い職能を経験し能力向上を目指すことはもちろんであるが，職場を異動するなかで，多くの人びとと出会うという目的もある。組織メンバーそれぞれがもつ人のつながり（人的ネットワーク）が，堅固な組織をつくるために有効である。

組織内の能力開発では，新入社員教育にはじまり，若手社員教育，中堅社員教育，管理者昇進時教育，上級管理者教育，トップ・マネジメント教育など各階層別のプランが必要とされる。下位層の教育では，仕事をするための一般能力の向上が目的であるが，上位になればなるほど，意思決定に有効な企業の独自性の強い内容がもとめられる。加えて，グローバル時代の経営者には，語学力，歴史や文化の理解，絵画や音楽の知識といった教養（リベラルアーツ）も必要である。

近年，競争優位の構築のために重要度を増している「知」や「熟練」といった高度な情報資源は，人に宿るものである。人から人にしか伝えられない暗黙知もあれば，最新の技術情報のように組織外での学習が必要な「知」もある。「知」の動向を見据えた人材育成が，次世代の戦略を実行できるかどうかのカギになる。

経営文化　「組織文化」ともいわれ，メンバーが共有している価値観，信念，目標，行動規範などの総体である。経営文化はメンバーに対して，どのような場合に，どのような態度，行動をとるべきかについての情報を与える。場合によっては，組織構造，マネジメントシステム，賞罰システムなどよりも強力にメンバーをコントロールしている。共通の経営文化にもとづくことで，メンバーは一丸となって行動できる。意思決定や行動が迅速化されるという実行面での効用はもちろんのこと，文化を共有することで組織メンバーの一員であるという実感，誇りをもつといった心理的な効用もある。要するに，経営文化はチームワークの源泉なのである（第５章の４も参照）。

したがって，よい文化を企業組織内に醸成し，それを維持していくための継続的な努力が必要不可欠なのである。経営文化の醸成と維持については，リーダーの果たす役割が大きい。

経営文化のなかには，必ずしもよいとはいえないものもある。悪しき習慣，企業組織内にはびこる因習といったものである。どのようなものであれ，いちど組織に根づいた文化を改革することは非常にむずかしい。なぜならば，「文化」は目に見えず，測定することも不可能で，計画，実行，評価といったようなある種のステップでマネジメントできるものではないからである。それだけに，時間をかけて育てられたよい文化は，経営資源ともなる。

コミュニケーション　組織におけるコミュニケーションにはふたつある。ひとつは，命令，指示，報告など，業務遂行のための情報伝達。もうひとつは，メンバーどうしの情報交換，意思疎通，交流といったものである。公式のルートによらないコミュニケーションは，インフォーマル（セミフォーマル）コミュニケーションともよばれる。実行力のある組織づくりのためには，この両方のコミュニケーションが大切である。

前者のコミュニケーションは，組織図に引かれた線（権限のライン）にそって垂直方向に行われる。適切にラインを引くとともに，その上を十分な量の情報が行き来するような状態をつくることが大切である。たとえば，上司に対する報告，連絡，相談を「ホウレンソウ」という言葉で意識づけするという工夫もある。

指揮命令がラインを越えて行われることはあってはならないが，階層を越えての交流，たとえば，トップによる現場ニーズの把握などは重要である。社長と若手社員の交流会，社長と非正規社員（パート，アルバイトなど）との食事会などが企画されることもある。

水平方向のコミュニケーションも促進されなければならない。業務を異にする部門間は，時に利害相反関係にありライバルである。ほっておけば部門間対立やセクショナリズムを生むことになる。そのため，水平方向のコミュニケーションを促進する意図的な仕掛けが必要である。部門横断的なプロジェクトの立ち上げや，定期的に部門間の意見交換会を開催するなどの取り組みがある。さまざまなテーマで開催される勉強会や研修なども同じ管理階層に属する人びとの水平的なコミュニケーションの場となる。

部門や部署を越えたコミュニケーションは，時に新しいアイデアを生み業務を活性化させる。そこで，シリコンバレーの多くの企業では，食堂やカフェを充実させたり，ゲームコーナーやスポーツジムを設けたりして，優秀な頭脳の出会いの場を作ろうとしている。たとえば，グーグルでは，社員食堂でくじ引きをして，同じ番号を引いた人びとが同じテーブルを囲み食事をする「シーク

• ***One Point Lesson***

### 軍師の役割

軍師とは，君主の戦略立案を助ける参謀役のことで，三国志の諸葛孔明や武田信玄に仕えた山本勘助などが有名です。軍師の重要な役割のひとつが合戦の際に陣形，つまり，部隊配置（フォーメーション）を決めることです。陣形には，攻撃に優れた形，防御に優れた形，短期決戦に強い形などさまざまあり，どの陣形をもって戦うのかは，自軍と敵軍の兵力を慎重に比較検討したうえで決まります。また戦場の地形や風向きなども勝敗を決する要因となります。三国志「赤壁の戦い」では，風向きを読みきった孔明が火計を用いて大勝利をおさめています。これを今日の企業経営に置きかえれば，内部資源の分析，競合企業の分析，外部環境の分析にもとづく戦略立案であり，戦略実行にふさわしい組織形の選択ということになります。さて，現代の名軍師（スタッフ）はいずこに？

レットランチ」という企画を行ったりもしている。

かつて日本企業には，お花見や新年会，忘年会，社員旅行など，組織内コミュニケーションを促進するためのさまざまな仕掛けが年中行事として存在した。また，合唱団や写真部といったような社内サークル活動も盛んに行われていた。しかし，1990年代以降の企業業績の悪化，大競争時代の到来とともに，そのような活動は下火となっていった。

今日では，企業内ＳＮＳ（ソーシャルネットワークサービス）やツイッターの活用など，新しい工夫もうまれている。

また，近年では，グローバル化にともない，組織のなかに多様な文化を持つ人びとが混在するような状況も生まれている。メンバーのもつ文化的背景の異いに起因した軋轢（あつれき）やトラブルがおきないように調整し，円滑なコミュニケーションを促進したい。そのためには，語学のみならず，異文化間コミュニケーションの手法を学ぶということも必要になってくる。

## *Key Word*

**バーナード（1886－1961）（C.I.Barnard）**：アメリカの実業家。豊富な経営者としての経験にもとづき『経営者の役割』（1938）を著わしている。組織を「意識的に調整された２人またはそれ以上の人びとの活動や諸力のシステム」と定義したほか，組織成立の条件，存続条件（効率，能率），誘引と貢献，道徳と責任など，組織論における重要なテーマを数多く提示した。そのため，テイラーやファヨールの伝統的管理論・組織論に対して，彼は近代組織論の祖といわれている。

**職能的職長制度**：それまで「職長」は，工場内の指揮監督のすべてを行っていたが，テイラーは，職長の役割を専門化された職能ごとに分割することを提案した。まず，計画職能と執行職能が分離される。そして，計画職能のため手順係，時間と原価，指図票係，労務係の４人の職長がおかれ，執行職能のために準備係，指導係，検査係，修繕係の４人の職長がおかれる。つまり，労働者を８つの専門職能から指揮するのである。

**異文化間コミュニケーション**：異なる文化的背景をもつ人びととの間でのコミュニケーションには，言語力以外にも必要なスキルがある。異文化間コミュニケーション論はアメリカで盛んに研究されているもので，文化人類学にもとづき，そもそも文化とは何かにはじまり，自文化の理解方法，他文化の理解方法，異文化接触の際におこる現象などが分析され，さまざまなスキルが開発されている。

## *Let's Try*

### 問題 1

企業，スポーツチーム，学校，行政機関など，さまざまな組織のホームページから組織図を探し，比較してみて下さい。

### 問題 2

現在，多くの企業が社内ベンチャー制度を採用しており，そこからユニークなサービスも生まれています。社内ベンチャーの成功事例を探してみて下さい。

### 問題 3

組織内コミュニケーションの活性化には，どのような工夫ができるだろうか。ゼミナールや部活動，アルバイト先などをイメージして考えてみて下さい。

### 問題 4

インターネットや企業内ＳＮＳなどが活用される時代になりましたが，この変化が本章で述べてきた組織づくりに対して，どのような影響をもたらすのでしょうか。事例研究を行って下さい。

### 問題 5

2019年のラグビーの日本チームは，ベストエイトの成果をあげましたが，どのようにして“ワン・チーム”になったのか，分析して下さい。

# 第11章 環境をどうとらえるか

第9章では，経営戦略について論じた。しかし，それは，環境への適応行動であるため，自社の内部だけに着目するのではなく，自社をとりまく状況を客観的かつ正確に把握しなければならない。そして，そのためには，環境のとらえかたが重要になる。

## 1 現代の企業をとりまく環境

現代の企業をとりまく環境は，これまで経験したことがないほどに激しく，めまぐるしく変化している。しかし，企業は，第2章や第9章で述べたようにオープン・システムであるため，環境から自己を切り離し，超越して存在することができない。

それゆえ，環境の変化がもたらす影響を避けることが困難になる。むしろ，その影響に適切に対処できるかどうかで企業の存続が決まるといっても過言ではない。そして，現代の企業が直面する環境を概述すると，以下になる。

2008年9月に起こったリーマン・ショック後，世界中を不況が襲った。経済活動のグローバル化とボーダレス化は以前から指摘されていたが，このリーマン・ショックはまさにそれを証明するできごとであった。

さらに，「環太平洋戦略的経済連携協定」などの貿易自由化を目指す動きは，このグローバル化，ボーダレス化をよりいっそう推し進めるであろう。その結果，グローバル市場での企業間競争は，ますます熾烈になると思われる。

そして，このグローバル化とボーダレス化に歩調をあわせるかのように，かつて日本的経営といわれていた終身雇用制度や年功序列制度が行きづまり，米英型の能力主義，個人主義が台頭してきた。

他方，わが国は，バブル経済崩壊後の長期にわたるデフレから依然として脱却していない。そして，国際競争が激化するなかでのドル安円高により，輸出を主体とする企業に逆風が吹いている。これに株安が加わり，企業は苦境から脱却できない状態が続いている。

また，わが国の企業は，厳しい国際競争に対応するために，経営の効率化とスピード化がもとめられており，組織のフラット化や権限委任（または委譲），アウトソーシングやスリム化などが経営課題になっている。

経済面から社会面に視点を転じると，急速に進む少子・高齢化による国内市場の縮小と労働人口の趨勢的減少をまず指摘できる。現代の企業は，このような事態に対処するために，海外需要の取り込み，熟年世代の再労働力化，女性や外国人の活用，または熟年世代を対象にした製品やサービスの開発などの課題を解決しなければならない。

また，社会の成熟化や生活レベルの向上にともない，人びとは精神的豊かさ，生活の質的向上や自分らしい生活をもとめている。これにより，家庭生活や余暇を重視する人びとが増えたと同時に，働き方に対するニーズが多様化した。

*• One Point Lesson*

## 「プラットフォーマー」への規制

ＧＡＦＡなどの巨大ＩＴ企業は「プラットフォーマー」といわれていますが，その力が強大となり，寡占や独占の弊害をもたらす心配があるとして，規制の動きが強まっています。スマホから収集される膨大な生活者の個人情報が生活者の人権や権利の制約になるといいますが，他方でネット通販などへの出品業者が取引条件を不利に変更されるというおそれもあります。このような不当な行為は防止する必要があります。

さらに，長期化する不景気の影響を受け，中間所得層の可処分所得が減少している。そして，それは，「消費の二極化」を招いている。つまり，きわめて安い製品と最高級品のいずれかに消費者のニーズが集中しており，中間的な価格帯の製品がさほど売れていない。

一方，バイオテクノロジーやロボット工学などの新技術は，新しいビジネスモデルや産業の誕生を促すものの，従来の技術を短時間で陳腐化させている。その結果，製品のライフ・サイクルはますます短くなってきた。

また，今日の製品には数多くの新技術が盛り込まれているため，それらを一企業が単独で開発することは容易でない。そこで，企業間の提携，合弁，合併などを通じて，自社の技術力を補完する必要に迫られている。

そして，東日本大震災のダメージはきわめて大きいが，それ以前からはじまっている地球温暖化のように自然環境はしだいに悪化しており，環境を保全する責務を企業が負うようになってきた。また，製品の安全性と健康への配慮も重要になっている。

加えて，企業の社会的責任（ＣＳＲ），社会貢献，または投資家に対する積極的なＩＲ（investor relations）活動への関心の高まりなどをみると，企業が社会的存在であることを強く意識しなければならない時代を迎えているといえる。

## 2　経営学と環境との出会い

**クローズド・システム観によりはじまった経営学**　企業は，その活動を通じて環境に影響を及ぼすが，逆に，環境が企業の活動に影響を与えることもある。そのため，企業は，環境と相互に作用を及ぼしながら活動する「オープン・システム」であるといえる（第２章も参照）。

しかし，20世紀初頭の成立期の経営学は，この相互作用にほとんど関心を示さず，むしろ，企業内部で発生する諸問題を取り扱う形で誕生し，それにエネルギーを費やしてきた。つまり，当時の経営学は，企業を環境の変化に左右されない「クローズド・システム」として捉えていたのである。

たとえば，経営学の先駆者であるテイラーは，工場内の能率や生産性を高める手法を研究している。そして，①慎重に労働者の仕事を計画し，標準的な作業手順をつくること，②仕事には適正な能力を備えた労働者を選任すること，③標準的な手順で労働者を訓練すること，④生産高を高めるために能力給の制度をつくること，などがマネジャーの役割であると考えた。

また，過程論とともに管理原則論の始祖であるファヨールは，企業経営に必要な考え方をつくることを主張し，分業，権限と責任，命令と指揮の一元化，階層組織，従業員への公正な報酬の支払い，適材適所などの14の原則を示した。しかし，それらはすべて企業内部の問題であり，彼もやはり環境に関心を寄せていない（第2章の4と第5章の1，第10章の1も参照）。

**環境適応理論としてのコンティンジェンシー理論の誕生**　前述した科学的管理や管理原則論を支持する人びとは，自分たちの理論がどのような組織にでも適用でき，組織をとりまく環境にかかわらず，それらによるならば同じような効果が期待できると考えていた。その意味で，このふたつの理論は，普遍的で，かつ「唯一最善」の経営方法が存在するととらえていた。

これに対して，ウッドワード（J. Woodward）は，この普遍性と唯一最善性に疑問を抱く。そして，彼女は，管理原則論が正しいとすれば，その理論どおりに経営を行っている企業や工場は，それに反した経営を行っているところよりも高い業績を上げているはずであると仮定し，実態調査を行った。ところが，実際には，そのような事実は確認できなかった。

一方，彼女の研究は，別の重要な発見をもたらした。その発見とは，大量生産システムという技術を用いて仕事をしている企業では，管理原則どおりの経営を行っているところの業績がよいのに対して，個別注文（受注）生産やオートメ化した装置生産システムという技術で仕事を行っている企業をみると，管理原則に反した管理システムを採用している企業のほうが業績がよいということであった。

つまり，採用する技術システムが異なると有効な組織も異なり，業績は環境を構成する要素のひとつである技術に影響を受けていることがわかったのである。

そして，ウッドワードや，バーンズとストーカー（T. Burns & G. M. Stalker），ローレンスとロッシュ（P. Lawrence & J. Lorsch）などの研究成果にもとづき，科学的管理などが主張する唯一最善の方法などは存在せず，企業が置かれている環境が異なると，経営の考え方や原則も異なるというコンティンジェンシー理論が生まれた。これにより，経営学は，環境という新しい研究テーマに出会うことになったのである。

## 3 企業と環境との境界

経営学が取り扱う環境とは，「企業をとりまく，まわりの状況」を意味している。そして，この解釈に従えば，「企業＝内部」と「まわり＝外部」の二者が存在することになり，両者の境界をどこに定めるかが問題になる。

この「境界」を定める手法には，さまざまなものが考えられる。たとえば，ヒトに注目して，「自社の従業員（経営者を含む）であるかどうか」によって，企業（従業員である）と環境（従業員でない）を区分することができる。

また，財務面に着目し，連結決算では親会社と子会社などの支配従属関係にある企業集団を単一の組織体とみなすため，この支配従属関係にある企業集団以外を環境と仮定して，境界を設定することもできる。

さらに，取引コスト・パースペクティブ（第8章の2参照）は，どのような場合に部品を内製（自社内で作ること），どのような場合にそれをアウトソーシングするかにより組織の境界が決まると考えている。それゆえ，この理論によれば，内製とアウトソーシングという尺度により境界を画定できよう。

一方，価値連鎖（バリュー・チェーン，value chain）を提唱するポーターは，製品やサービスを顧客に提供するという企業活動を川の流れにたとえている（図11-1参照）。

そして，川上から川下に向かって行われる諸活動，つまり原材料の調達，製造，出荷，製品の販売やアフター・サービスなどを経るたびに，付加価値とコストが付加され，それらが累積すると主張する。

図11-1　価値連鎖

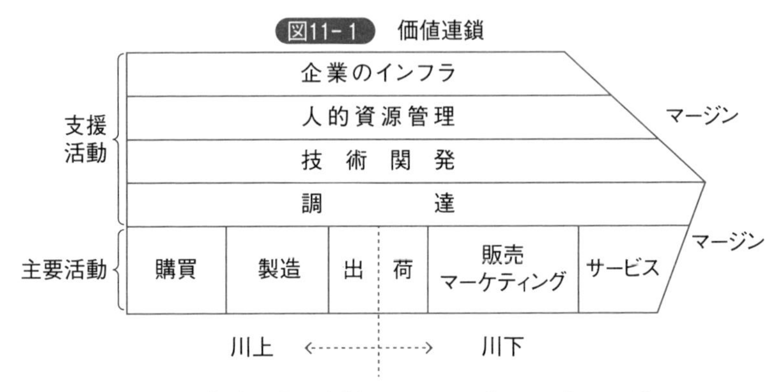


出所：M.E. ポーター『競争優位の戦略』，ダイヤモンド社，1985年，49 頁。

さらに，彼は，付加価値の創造を企業の主要活動（プライマリー）ととらえ，それは技術開発や人的資源管理，財務，法務，または情報サービスなどの企業のインフラで構成される支援活動（サポート）に支えられていると述べている。

加えて，主要活動内では，前段階のアウトプットが次段階のインプットとなり，両者は「鎖(くさり(チェーン))」のように不可分に一体化し，相互に依存する関係にある。また，ポーターは，売上高と，主要活動および支援活動に要したコストとの差異が企業のマージン（利益）に相当すると考える。

一方，今日の企業は，これらの一連の活動すべてを自社内で行っているとはかぎらない。むしろ，主要活動や支援活動の一部または全部を他社にアウトソーシング，または他社と提携しながら，実施することも多い。

その場合，ある企業が生み出す付加価値は，当該企業を中核とし，外部企業を糾合した企業群によってもたらされていることになる。そして，付加価値の創造という点に着目すれば，この企業群は，資本的な支配従属関係の有無を問わず，自社の一部と認めることができる。そのため，上述した取引費用理論のように，内製とアウトソーシングという基準で線引きするのではなく，付加価値の創造をめぐって自社と協働する企業群を広義の自社ととらえ，そこに境界線を設定することのほうが適切であるといえる。

## 4　環境の種類と環境の把握・分析手法

このように環境は，境界という概念を導入することにより，確定することができる。そして，この環境は，企業の外側にあるため，「外部環境」といわれている。また，外部環境は，政治，経済，社会などのすべての企業に共通する環境を意味するマクロ環境と，企業が属する業界，または市場を意味するミクロ環境に大別できる。これに対して，企業の内部は，環境の一般的な定義に反するものの，外部環境との対比から，「内部環境」といわれることが多い。

他方，企業の業績は，環境に大きく左右される。それゆえ，企業は，目標とする業績を実現するために，環境を熟知し，環境がどのように変化しているのか，そのトレンドを把握，分析し，適切な対策を立案する必要がある。

マクロ環境とその把握・分析手法　　マクロ環境とは，企業をとりまく国内外の一般的な環境であり，個々の企業には直接影響を与えないが，企業がそれをコントロールしにくい環境要因のことである。

しかし，マクロ環境といってもその範囲が広いため，それを効率的に把握し，分析する手法が求められる。そして，この手法のひとつとして，しばしば使用されるものに，「ＰＥＳＴ分析」がある。ＰＥＳＴ分析は，マクロ環境を政治的（political），経済的（economic），社会的（social），技術的（technological），

図11-2　環境の種類

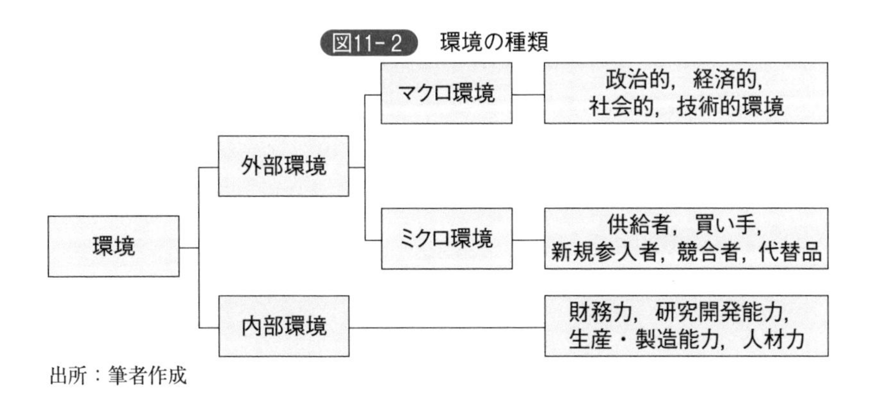


出所：筆者作成

の４つの視点から把握，分析するものであり，それぞれの頭文字をとって命名された手法である。

具体的には，これらの４つの視点は，以下のように考えられる。

### （１） 政治的環境

政府や地方自治体，または政党などの政治団体による法律・条令の制定や政策の立案などを通じて企業活動に影響を与えるものが，政治的環境である。たとえば，企業を保護したり，企業に社会的コストを負担させたりするなどを目的にした規制や，法人税などの税制度，エコカーや太陽光発電などに対する補助金などがこれに該当する。

現在の世界状勢のなかでは自国第一主義の傾向が強まっていることが心配される。そして，外国に進出する企業にとって，相手国の政情や社会情勢も政治的な環境になる。なぜなら，政権が交代して事業が国有化されたり，外国企業に対する優遇措置が撤廃されたりする，などのカントリー・リスク（country risk，本章の ***Key Word*** 参照）が散見されるからである。

### （２） 経済的環境

消費者の製品・サービスの購買力に影響を与える諸要因を経済的環境という。具体的には，人びとの所得とその分布，貯蓄，負債，信用度に加え，景気動向，インフレ，デフレ，ＧＤＰの成長率，日銀短観，倒産件数，失業率，鉱工業指数などの指標で表される経済変数がこれに該当する。

消費者の支出額は，所得，貯蓄，信用度に影響される。たとえば，所得に反して借金（負債）が多ければ，消費を手控えるだろう。また，信用度が増し，クレジットが利用できれば，消費への意欲が高まる。一方，倒産件数や失業率の上昇は，将来に対する不安を生み，人びとの消費意欲を減退させる。そして，この減退は，供給量の減少とデフレ圧力を企業にもたらすことになる。

### （３） 社会的環境

人口動態，世論や流行，教育水準，治安や安全保障，宗教と言語，自然環境，ＢＳＥや鳥インフルエンザなどの病気などが社会的環境になる。また，歴史のなかで形成されてきた文化，価値観，生活様式，慣習なども社会的環境に含まれる。

文化や価値観などを共有する人びとは，同一の信念，好み，行動を有することが多い。そのため，そのような共有者を探しだすことができれば，企業のマーケティングが容易になると同時に，その変化は従前の企業活動を根本から覆す脅威になる。

たとえば，スマホの発展からわかるように，人びとは自分だけの個人的な空間で音楽や動画鑑賞，ゲームなどを楽しんでいる。この生活様式の「個人化」は，家族を念頭に置き行ってきた従前の製品・サービスの開発に対して発想の転換をもとめている。

### （4） 技術的環境

技術的環境とは，技術開発に投下される資金量，新技術の普及度，基礎研究の動向，特許の取得状況などを指す。技術的環境の変化は，企業に成長の機会と脅威をもたらす。たとえば，ＣＤはレコードの支配的地位を奪ったものの，音楽のダウンロードによりその地位を失ってきた。

また，セブンイレブンなどのコンビニ（エンス・ストア）では，販売時点で得たPOSデータに加えて，天気予報を利用して売れ筋商品を把握したり，アイスクリームやおでんなどの季節商品の在庫・仕入量を調整したりしている。これは，ITの進展が生みだした恩恵である。

• *One Point Lesson*

## 弱体化した労働組合の再生を！

労働組合は，株主，顧客（消費者），取引業者などとともに，企業にとって重要なステイクホルダーであり，働く人びとの利害を守る役割を果たしてきました。また，その影響力は現在も残っています。しかし，労働組合の組織率が低下するとともに，その力が弱体化しているように思われます。現在も，働く人びとの権利は守られなければなりませんから，働く個人の政治的な自立とともに，労働組合の再生が期待されています。

さらに，新しい技術は，人びとの生活様式を変えることができる。たとえば，ユビキタス（ubiquitous）社会（本章の***Key Word***参照）が到来すれば，外出先から携帯端末を操作することで，自動的に空調のスイッチが入り，風呂の給湯が始まるなどにより，帰宅前に自宅を最適な状況にすることが可能になる。そして，それは，インターネット家電や給湯機器に対する新しい需要を生みだすであろう。

以上，ＰＥＳＴ分析に基づく４つの環境とその把握・分析視点を述べた。このＰＥＳＴ分析に対して，環境（environment）と法律・法制度（legal）の重要性が近年高まっていることから，それらを独立させた「ＰＥＳＴＥＬ分析」を用いるべきだとする論者もいる。だが，重要なことは，マクロ環境の分類手法ではなく，自社に影響を与えると思わる要因を漏らさずに把握することである。

ミクロ環境とその把握・分析手法　　企業経営の究極的な目的は，顧客価値と顧客満足を創造し，長期にわたる顧客との友好な関係を築くことである。しかし，企業は，この目的を自己完結的に達成できない。むしろ，顧客を含め，市場内に存在する供給業者，仲介業者，競合他社などのステイクホルダーからの負の影響を受け，または協力を得て，これを達成している。

**図11-3**　「５つの力」によるミクロ環境の把握と分析

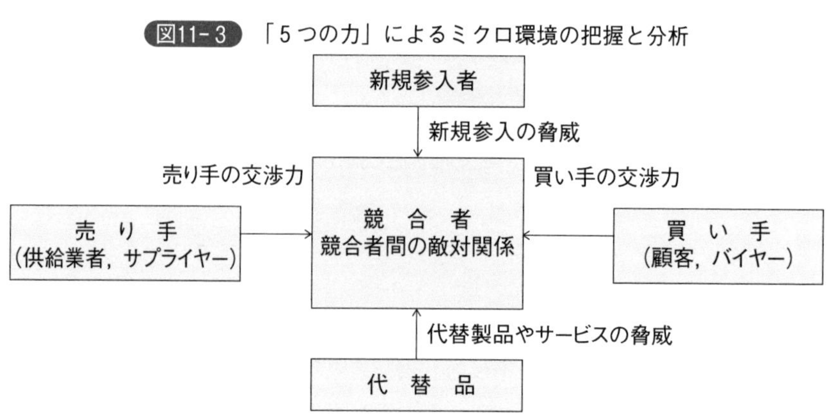


出所：M.E. ポーター『競争の戦略』，ダイヤモンド社，1980年，18頁などを用いて筆者作成。

ミクロ的環境とは，このステイクホルダーによって構成される企業活動の「場」である市場を意味する。また，それは，企業の事業遂行に直接かかわる環境要因である。そのため，これを「事業環境」，または「市場環境」とよぶことがある。

このミクロ環境を把握・分析する手法として，もっとも有名なものに，「５つの力分析（5（ファイブ） Forces analysis）」がある。この場合の「５つの力」とは，①新規参入の脅威，②代替品の脅威，③買い手の交渉力，④売り手の交渉力，⑤競合者間の敵対関係をいう。

５つの力分析は，ミクロ環境内の競争状況を判断するためのフレーム・ワーク（分析枠組）である。そして，競合者間の敵対関係，買い手と売り手の交渉力が強いほど，また新規参入や代替品が登場する可能性が高いほど，市場の平均的な収益率が低くなる傾向があるととらえる。

逆に，競合者間の敵対関係，買い手と売り手の交渉力が弱く，新規参入や代替品が登場する可能性が低いときには，市場の平均的な収益率が高くなる傾向があると考える。

内部環境とその分析手法　　以上の外部環境に対して，内部環境とは次章でも述べる企業内部の経営資源に関連する要因である。たとえば，経営理念，企業文化，企業イメージ，従業員の資質・能力，財務力，技術力，マーケティング力，情報力，保有設備，組織構造など，企業内にあり，かつその活動に影響を及ぼすすべての要因が含まれる。

内部環境の把握・分析手法として，コトラー（F. Kotler）らは，マーケティング（たとえば，企業の利潤や市場シェア，顧客満足や顧客ロイヤリティの度合いなど），財務（資本コストや資金調達力，財務の安定性など），製造（規模の経済性，生産能力，従業員の能力など），組織（有能なリーダーや意欲的な従業員，または起業家精神の有無など），という４つの視点を用いた手法を提唱している（F. コトラー＆ K. L. ケラー『コトラー＆ケラーのマーケティング・マネジメント第12版』，ピアソン・エデュケーション，2008年）。

これに対して，デイビット（F. R. David）は，マネジメント，マーケティ

**表11-1** デイビットが推奨する内部環境のチェック・リスト

| マネジメント | マーケティング | ファイナンス | 生産 | 研究開発 | コンピューター情報システム |
|---|---|---|---|---|---|
| 自社の目的や目標は測定でき，全社員に伝わっている | 競合企業に比べて自社のポジションは有利である | 必要に応じて短期資金を調達できる | 原材料や製品の供給業者は信頼できる | 現在の研究開発設備で十分である | マネジャー全員は，情報システムを使って意思決定をしている |
| マネジャーからの命令は適切に伝わっている | マーケット・シェアが伸びている | 必要に応じて社債や株式による長期資金を調達できる | 設備，装置，機械，事務所などの状態は良い | 研究開発には資格ある人材がかかわっている | 自社内にCIOの役職がある |
| 組織構造は適正である | 流通チャネルは信頼でき，かつ低コストである | 十分な運転資金を確保している | 在庫管理政策と手順は効果的である | マネジメント情報とコンピューター情報システムは十分である | 情報は絶えず最新のものである |
| 職種や職務明細が明確にされている | 効果的な営業部隊をもっている | 配当支払方針は適切である | 品質管理政策と手順は効果的である | 研究開発部と他の事業部とのコミュニケーションは適切である | 各事業部から情報のインプットがある |
| 従業員モラルが高い | 製品と品質と顧客サービスがよい | 投資家とステイクホルダーとの関係はよい | 技術的コンピタンスをもっている | 既存製品は技術的競争力をもっている | 情報システムの利用者に研修が行われている |

出所：F.R. デイビット『戦略的マネジメント』，ピアソン・エデュケーション，2000年，120-121頁を用いて筆者作成。

ング，ファイナンス（財務），生産，研究開発，コンピューター情報システム，の６つによる内部環境の分析を推奨している（表11-1参照）。

## 5 企業の環境適応

**環境適応のツールとしてのＳＷＯＴ分析**　上述したように企業は，２種類の外部環境下で営利活動を行っている。しかし，企業が有する経営資源に加え，従業員の勤労意欲や忠誠心，経営者のリーダーシップやマネジメント能力などの有形，無形な経営資源，つまり「内部環境」が良好に機能しなければ，不断に変化する外部環境に対応できない。

表11-2 ＳＷＯＴ分析

| | | 外部環境 | |
|---|---|---|---|
| | | 機会<br>(opportunities) | 脅威<br>(threats) |
| 内部環境 | 強み<br>(strengths) | 自社が有する強みを活かせる成長機会は，どこにあるのか | 自社が有する強みを発揮することで，直面する脅威を回避できないか |
| | 弱み<br>(weaknesses) | 成長機会を逸しないために，どのような弱みを克服すべきか | 脅威が迫るなかで，弱みを抱えているため，最悪の事態を招かないようにするにはなにをすべきか |

出所：筆者作成

そこで，企業は，外部環境と内部環境とのあいだに適応関係を構築し，両者の整合性を図る必要がある。その際，ＳＷＯＴ分析は，この整合性を導き出すためのひとつのツールになる（表11-2参照）。

ＳＷＯＴ分析では，外部環境のなかから競争上の地位や業績を向上させるための「機会（opportunities)」と，それを脅かす「脅威（threats)」を探しだす。一方，内部環境のなかからブランド力や収益力などの他社にはない自社の「強み（strengths)」と，逆に，他社に劣る「弱み（weaknesses)」を抽出する。

そのうえで，これら４つを組みあわせ，以下のことを検討する。

① 自社の強みを活かしながら，機会を確実に獲得するための手法

② 弱みを克服しながら，脅威に備えるための手法

③ 弱みを克服しながら，機会を取り逃がさない手法

ＳＷＯＴ分析は，わかりやすい手法であり，多くの活用例がある。しかし，ある環境要因を，たとえば強みと弱みの，どちらか一方に分類しにくいことがある。そのため，ＳＷＯＴ分析を行うときには，このような中間的な要因が多く存在することに留意しなければならない。

また，なにを強みと考え，なにを弱みと考えるかなどは，多分に主観的な判

断である。そのため，分析者の解釈により，その内容が異なることがある。そこで，ＳＷＯＴ分析を行うときは，複数の人びとの意見を集約することで，この主観性を排除することが望ましい。

環境と企業業績との関係　　環境は，企業活動の成果に影響を与えるものの，外部，内部どちらの環境がそれに対してより強い支配力を有しているのかについては，論者により見解が分かれており，「外部環境」を重視する，いわゆるポジショニング理論と，「内部環境」を重視する資源ベース理論のふたつがある。

ポーターが主たる提唱者であるポジショニング理論は，同一の業界に属する企業，それゆえ，類似した外部環境の下で活動する企業であっても，それぞれの業績に優劣があるのが一般的であるため，かならずしも外部環境が企業の成果を直截的に決定するわけではないと考える。

しかし，外部環境が成果に対して多大な影響を与えることは経験則から納得できると主張する。そして，企業の収益性は，前述した「５つの力」により規定されるミクロ環境（外部環境の一部）内の競争状況と，第９章で述べたポーターの「３つの基本的な競争戦略」(図９－３参照）に従って確保した自社独自のポジショニングによって決定づけられるととらえる。

それゆえ，ポジショニング理論では，企業の収益性は，ミクロ環境という外部環境に依存すると考える。そして，魅力ある事業や業界の発見，または創造が重要になる反面，競争が激しい事業や業界は収益を得ることがむずかしいため，選択すべきではないことになる。

これに対して，バーニー（J. B. Barney）が代表的な論者である資源ベース理論は，たとえば，小売業のように市場競争が激しく，平均的な利益率が低く魅力が乏しい産業のなかにあっても，ウォルマートのようにきわめて高い業績を達成している企業が存在するという。また，ネット通販のアマゾンや，パソコンメーカーのデル社も同様に，魅力の乏しい業界内で持続的な競争優位を維持しつづけているという。

このような事実は，ポジショニング理論からは導出できない。そのため，資源ベース理論は，これら企業の好業績は外部環境ではなく，それら企業が有する能力であり，かつ他社の追随を許さず，模倣にコストがかかる能力（この能力をケイパビリティ，capabilityという）がもたらしたと結論づける。換言すれば，企業の内部環境の優越さが，好業績の源泉であると主張している。

また，同理論は，経済的価値（value），希少性（rarity），模倣の困難性（inimitability），組織（organization）の４視点をもつＶＲＩＯ分析により，このケイパビリティの優劣を評価できると考えている。なお，これらの４つの視点については，次章で詳細に述べることにする。

以上，企業業績の決定要因を外部環境に求めるか，内部環境に求めるかに関するふたつの考えを紹介した。しかし，この議論はまだ決着がついていない。一方，持続的な競争優位を獲得している企業をみると，魅力ある業界で活動し，かつケイパビリティも高い企業であることが多いことから，両理論ともに有効であり，むしろ両理論を統合したフレーム・ワークを作るべきではないのかという指摘もある。どちらにしても，環境と企業業績との関係については，

---

***• One Point Lesson***

### クール・ジャパン（Cool Japan）とはなにか

クール・ジャパンとは，本章の前段で述べた社会的な環境に関連しており，日本のファッション，マンガ，アニメ，ゲーム，音楽やドラマなどのサブカルチャーが外国から人気を集め，ブームになっている現象を指します。

この現象は，2000年頃から始まっており，たとえば世界でテレビ放映されるアニメ番組のうちの６割が日本製であるといわれ，ポケモンの世界市場を含めた累積売上高は３兆円を超えたといわれています。

このような時代背景から，日本政府は，「新成長戦略」や，「産業構造ビジョン2010」において，デザイン，アニメ，ファッション，映画，などの文化産業を，わが国の経済成長を支える戦略部門のひとつに位置づけるようになりました。また，近年の日本は，外国人観光客が増加しており，若い外国人観光客が日本のアニメに登場するシーンをめぐり歩く「聖地巡礼」という観光行動が生起しています。

---

いっそうの考察が必要になると思われる。

**環境適応に関する課題**　前述したように，企業の存続は，環境変化に適切に対処できるかどうかで決まる。その際，企業は，みずからを変えることで環境変化に対応しようと試みる。しかし，この企業革新が多発すると，企業としての安定性を欠き，行動の一貫性を損なう可能性が高まる。

これに対して，企業活動にはもともと，現状を維持しようとする組織の慣性が働きやすい。つまり，安定性と一貫性を失うことを嫌い，変化を抑制すると，内部からの変革が起こりにくくなり，結果として環境に適応できなくなる。ここに，環境適応のジレンマがある。そして，このジレンマをいかに解決するかが，最大の課題になる。

一方，今日の企業が直面する環境は，本章の冒頭で述べたように，政治的，経済的なものから，社会的，技術的なものまで多様である。加えて，この多様性はますます大きくなっている。

それゆえ，多様な環境に適応するためには，企業自身が多様な存在でなければならない。そして，企業内の多様性を確保するための仕組みづくり，たとえば，第2章の5でも述べた人材の多様性の管理（ダイバーシティ・マネジメント），第6章の2などで言及した権限の委任（または委譲），自己完結的なサブ組織の構築などが課題になる。

さらに，将来は不確実であり，予見困難であることが多い。とくに，動態的な環境下にある現代の企業にとって，環境の変化を事前に把握して行動するというよりも，試行錯誤しながら，その変化に対応せざるをえない。

そして，その場合，市場内のポジショニングや他社が模倣できない経営資源をいかに獲得するかだけでなく，ミンツバーグ（H. Mintzberg）がいう「創発的行動」が重要になる。

つまり，現場が日々の業務のなかで感じた変化に対して，臨床的に創意工夫をもって対応しながら，成果を収集，統合することで，企業全体の環境適応策が定まるようなシステムがもとめられ，そのシステムをいかに創造するかが課題になる。

## *Key Word*

**カントリー・リスク**：海外で投・融資や貿易を行うとき，その対象となった国のインフレ，内乱，外資規制などの政治的，経済的，または社会的環境の変化により，債権や投融資の回収が困難になったり，現地に設立した事業の閉鎖，撤退などが起こったりするようなリスクをいう。そして，カントリー・リスクは，個別の企業では対処しにくく，その発生を予想しにくいことが多い。

たとえば，1980年代のアメリカで起こった日本バッシングや2005年中国での反日デモを契機にした日本製品の不買運動，または2006年に起こったロシア政府によるサハリン1，同2の開発中止命令，トランプ大統領の自国第一主義による貿易障害などは，このカントリー・リスクが具現化した事例である。

**ユビキタス社会**：「いつでも，どこでも，なんでも，誰でも」コンピュータ・ネットワークにつながることにより，さまざまなサービスを享受できるような社会。つまり，日常生活のすべてのシーンで，時と場所を選ばずにネットワークに接続でき，あらゆる人とあらゆるモノが自在に接続できるような社会を意味する。

たとえば，商品を持ったまま店舗を出ると自動的に代金が引き落とされる，自宅に宅配物，郵便物，または来客があると，携帯電話がそれを知らせてくれるなどがその事例である。そして，庫内の残り物で作れる料理のレシピを教える冷蔵庫などのインターネット家電がすでに登場している。

**不確実性（uncertainty）**：これから起こることが確実でないことを意味する。ビジネスでは不確実性に直面することが多いため，現状が計画から乖離したときの影響度を計測する感度分析などを行い，この不確実性に対処する企業が多い。

他方，コンサルタント企業のマッキンゼー社は，この不確実性を，①未来は十分はっきりしている（それゆえ，不確実性は無視できる），②未来が複数の選択肢に分かれる，③未来の範囲を限定できる，④未来は完全に不確実である，に分類し，最大限の分析を行った後に残る不確実性を「残存不確実性」とよんでいる（名和高司・近藤正晃ジェームス『マッキンゼー戦略の進化不確実性時代を勝ち残る』，ダイヤモンド社，2003年）。

## Let's Try

問題 1

アメリカと中国との貿易紛争がわが国の企業活動に及ぼす影響について考察して下さい。

問題 2

あなたが属する学校，または企業などを事例にして，ＳＷＯＴ分析を行い，あなたの学校や企業などの強みと弱み，機会と脅威を把握して下さい。

問題 3

環境が企業に与える影響と，企業が環境に与える影響について，それぞれの具体例を述べて下さい。

問題 4

グローバル化において，企業が海外進出する際に直面する環境のなかで重要になると思われるものはどのようなものか，調査してみて下さい。

問題 5

クール・ジャパンで，あなたが関心をもっているものはなにかを考えてみて下さい。

# 第12章　経営資源を学ぶ

いまでは，どの企業でも情報のほとんどを簡単かつ自由に入手できる時代である。しかしながら，このような時代でも，もつかもたざるかによって，企業の運命を大きく左右する情報がある。企業の経営資源として，この情報はきわめて価値が高い。

## 1　経営資源の役割

5つの競争要因　ある製品を生産しているX業界を想像してみよう。この業界は，携帯電話のメーカーのような製品を生産している業界とはかぎらない。そして，旅行の手配を行うようなサービスを提供している業界でもかまわない。

この業界には現在，多くの競争相手が参入している。そして今後も，さらに多くの競争相手がその業界に新規参入することが予想される。したがって，この業界における敵対関係は激しく，新規参入の脅威は高いとしよう。

そして，X業界に部品や原材料などを供給している売り手（供給業者（サプライヤー）と呼ばれることが多い）は，その供給業者以外に取って代わって部品や原材料をこの業界に供給する企業がほとんどなく，今後も現れる可能性が低い。したがって，その供給業者は，業界内の企業に対してとても強い交渉力を持っているとしよう。

さらに，X業界の製品やサービスを購入する買い手（一般的には顧客（バイヤー）とよばれる）は，業界内の多くの企業がほとんど類似している製品を生産し，また製品やサービスを店頭などで，事前に比較・検討することができる。そこで，顧客は，X業界の各企業へ非常に強い交渉力を持っているとしよう。

前章の図11-3は，すでに述べたようにある業界の収益を決定する「5つの力分析」を示している。もしあなたが企業の経営者であるとすれば，これらの競争要因の5つの力のうち4つの力までが相手の脅威が高く，相手の交渉力が強いX業界を，非常に魅力的であると考えるだろうか。さらに，あなたは，このX業界に参入するという決断をするだろうか。

おそらくあなたは経営者としてX業界より，ほかにより魅力的な業界があるはずだと考えるのではないだろうか。つまり，あなたがX業界に参入したいかと聞かれれば，答えは「ノー」であろう。

しかしながら，このX業界のように，一見すると，非常に魅力の乏しい業界にあえて参入し，業界内で十分な収益をあげ，成功を収めている企業がある。たとえば，コンピュータ・パソコン業界に参入しているデル社である。日本においても，中古車販売業界におけるガリバー，外食店業界におけるスターバックス コーヒー ジャパンなども，このような事例に当たるだろう。

デル社の成功理由　　デルの事例をより詳しくみてみよう。デルがこの業界に参入しようとしている当時（1985年），コンピュータ・パソコン業界は，非常に競争の激しく，参入するのに見合う利益をあげられそうにない業界であった。つまり，だれが見てもほとんど魅力のない業界であった。

それにもかかわらず，デル社はこの業界に参入し，またたく間に業界を席巻し，多くの利益をあげることになる。2008年には，デル社はコンピュータ・パソコン業界において，約15%の市場シェアを持ち，業界2位の地位を占めた。

前章で引用したが，バーニーは，このデル社の成功事例を引きあいにだしながら，企業が長期にわたって一定の収益をあげ，成功を収めるために，魅力的な業界を発見することや，業界内で優位なポジショニングを獲得することが必ずしも必要ではないと主張する。

彼は，企業が成功するために，むしろ独自な「経営資源」を持つことが，より持続的に企業の競争優位を構築するために重要であると考えている。つまり，前章の言葉でいうと，企業の外部環境より，むしろ企業の内部環境に目を向けるべきである，と言っているのである。

このように企業が持続的に競争優位を構築するため，経営資源は重要な役割を果たしている。では，この経営資源とはそもそも，どのようなものやことを指すのだろうか。そして，経営資源をどのように分類し，配置することができるだろうか。さらに，経営資源をどのように評価することができるだろうか。最後に，経営資源をどのように活用することができるだろうか。これらの点を明らかにすることが，本章のテーマである。

## 2　経営資源の分類

重要なものとしてのヒト，モノ，カネ，情報　　経営資源の定義を，ワーナフェルト（B. Wernerfelt）は，「企業と比較的長期に結びついている，有形もしくは無形の資産」としている。とくに最近では，このような経営資源の定義が一般的になっている。

経営学では，従来，経営資源をヒト，モノ，カネというように分類することができると考えてきた。最近では，従来のヒト，モノ，カネに加えて，情報も，経営資源であると考えられている。

それでは，経営資源をさらに掘り下げて分類するために，ヒト，モノ，カ

*• One Point Lesson*

### 「人材」か「人財」か

人間は重要な経営資源であり，人的資源（ヒューマン・リソース）といわれていますが，人材ではなく，人財という言葉を使う経営者たちがいます。かれらはヒト（人間）は材料の「材」とちがって，「宝」であるということから財産の「財」を使うのだといいます。そこで企業はいい人財をもとめて採用活動を行っているわけです。

ネ，情報という４つの経営資源を詳しく検討してみよう。

第１に，ヒトとは，主に経営者や従業員をはじめとする，人的資源を指している。この人的資源には，終身雇用を前提にして雇われる正規社員だけでない。時間で雇われるパート，アルバイトや，期間で雇われる契約社員も含んでいる。また，最近取り上げられることが多い社外取締役や，高度な専門スタッフなども，この人的資源に含まれる。

第２に，モノとは，主に土地や原材料をはじめとする，物的資源を指している。この物的資源には，工場で機能しているロボット，在庫を格納するための倉庫，製品を輸送するための車両，そして賃貸契約を結んでいる店舗なども物的資源に含まれる。

第３に，カネとは，金融市場で調達した資金や銀行からの借入をはじめとする，財務的資源を指している。この財務的資源には，従業員に払う給与となる人件費，新製品を開発するために必要な研究開発費，新しい市場を開拓するために必要な市場調査費なども含まれる。

第４に，情報とは，主に取引先の過去の取引実績や技術上のノウハウをはじめとする，情報的資源を指している。この情報的資源には，自社製品の特許（パテント），企業の知名度から，顧客との信頼関係，経営文化などまで幅広いものが含まれる。また，アップルのMac（マック）のように，企業名とほぼ同等にブランド名が浸透している情報的資源もある。この情報的資源は他の３つの経営資源とは異なり，無形の資源であるという点が特徴である。

**表12－1**は，アメリカのインターブランドというコンサルティング会社がまとめた，世界的な企業のブランド評価ランキングである（2019年10月17日株式会社インターブランドジャパン報道資料）。ブランド価値にもとづき，上位20位までランキング形式で示している。なお，ブランド価値の評価方法は，株価や時価総額などで算出する企業価値から投下資本を引いた無形価値が基準となっている。

このランキングは，ブランドが無形の資産であるものの，企業にとって非常に高い価値を持つものであることを示している。またそれと同時に，その時々

表12-1　2019年「ブランド価値」によるグローバル・ブランドランキング TOP20

| ランキング | | | | | |
|---|---|---|---|---|---|
| 2019 | 2018 | ブランド | 業種 | ブランド価値(百万USドル) | 前年比 |
| 1 | 1 | アップル | テクノロジー | 234,241 | 9% |
| 2 | 2 | グーグル | テクノロジー | 167,713 | 8% |
| 3 | 3 | アマゾン | テクノロジー | 125,263 | 24% |
| 4 | 4 | マイクロソフト | テクノロジー | 108,847 | 17% |
| 5 | 5 | コカ・コーラ | 飲料 | 63,365 | -4% |
| 6 | 6 | サムソン | テクノロジー | 61,098 | 2% |
| 7 | 7 | トヨタ | 自動車 | 56,246 | 5% |
| 8 | 8 | メルセデスベンツ | 自動車 | 50,832 | 5% |
| 9 | 10 | マクドナルド | レストラン | 45,362 | 4% |
| 10 | 14 | ディズニー | メディア | 44,352 | 11% |
| 11 | 13 | BMW | 自動車 | 41,440 | 1% |
| 12 | 12 | IBM | ビジネスサービス | 40,381 | -6% |
| 13 | 11 | インテル | テクノロジー | 40,197 | -7% |
| 14 | 9 | フェイスブック | テクノロジー | 39,857 | -12% |
| 15 | 15 | シスコ | 飲料 | 35,559 | 3% |
| 16 | 17 | ナイキ | スポーツ製品 | 32,376 | 7% |
| 17 | 18 | ルイヴィトン | ラグジュアリー | 32,223 | 14% |
| 18 | 19 | オラクル | ビジネスサービス | 26,288 | 1% |
| 19 | 16 | GE | 自動車 | 25,092 | -22% |
| 20 | 21 | SAP | ビジネスサービス | 25,092 | 10% |

出所：インターブランドジャパン HP
https://www.interbrandjapan.com/ja/data/191017_BGB2019_press.pdf

の顧客や投資家などの評判によって左右されやすいことを示している。情報的資源は，この評判のように必ずしも目に見えやすくないことから，「見えざる資産」(伊丹敬之著『新・経営戦略の論理』，日本経済新聞社，1985年）とも呼ばれている。

特性による分類　それでは，これらの４つの経営資源は，どのような特性によって分類することができるだろうか。ホファーとシェーンデル（C. W. Hofer and D. Schendel）によれば，「可変的資源」か，それとも「不変的資源」かという観点で，経営資源を分類することができる。わかりやすく言えば，ある経営資源をどれだけほかの経営資源に変換することができるか，ということである。

まず，４つの経営資源のなかで，もっともほかの資源に変換できるのは，財務的資源である。資金で原材料を調達できるように，財務的資源によって物的資源を入手することができる。そして，高額な給料で有能な人材をヘッドハンティングできるように，財務的資源によって人的資源を雇い入れることもできる。さらに，特許料を払って特許情報を取得するというように，財務資源で情報的資源を入手することができる。さらに，かれらは，財務的資源が，市場と企業全体の相互作用活動から生みだされる唯一の資源であり，ほかの経営資源に直接的に変換できる唯一の経営資源であると指摘している。

つぎに，物的資源，人的資源は，両方とも，財務的資源と情報的資源という，ほかの２つの経営資源に変換することができる。物的資源に関しては，新品で購入した工作機械を中古品として販売できるように，物的資源を財務的資源に変換することができる。またある工作機械の技術上のノウハウは，たとえその工作機械を手放したとしても，つぎに購入した工作機械で使用される。このことは，物的資源を情報的資源に変換することができることを意味している。

人的資源に関しては，他社に技術的ノウハウを持つ従業員を講師として派遣することができるように，人的資源を財務的資源に変換できる。また従業員が外部の研修で接客上のマナーを身につけることができるように，人的資源を情報資源に変換することができる。

最後に，情報的資源は，財務的資源にのみ変換することができる。たとえば，自社の特許権を譲渡する，もしくはライセンス（実施権付与）契約をするときである。この会社は特許権を譲渡する，もしくはライセンス契約をすることによって，利益をあげ，資金を回収することができる。

さて，伊丹敬之によれば，固定的資源か，流動的資源かという観点からも，経営資源を分類することができる。簡単に言えば，ある経営資源をある場所から別の場所へどれだけのコストで移すことができるか，ということである。

4つの経営資源のなかで固定的なものを含むのが，物的資源である。たとえば，あるメーカーが自社工場をある場所から別の場所へ移そうとする。その際には，設備や原材料だけでなく，従業員も移すことになる。したがって，物的資源の移転にはかなりのコストがかかる。

また人的資源も，固定的なものを含んでいる。たとえば，ある銀行の支店において，ある従業員を預金業務から為替業務に配置転換する。その際には，同一店舗内の異動であるため，距離的な移動はそれほど伴わないものの，その従業員が別の業務を身につけるためにコストがかかる。このようなコストは，熟練を要する仕事であればあるほど，より大きなコストがかかる。

流動的なものを含んでいるのは，財務的資源である。たとえば，原材料を購入するなどの短期運用資金は流動性が高い。その一方で，自己資本など長期運用資金は，流動性が企業の評価につながるため，流動性が低い。

また情報的資源も，流動的なものを含んでいる。たとえば，ある製品の成功によって顧客からの信用ができあがれば，他の製品がその信用を利用することができるようになり，より売りやすくなるだろう。伊丹は，このような情報的資源の特性を，「同時多重利用」とよぶ。

• *One Point Lesson*

## 中小企業の元気はどこから？

中小企業（スモール・ビジネス）にも元気な企業があります。一般的に中小企業は弱い存在で，環境対応力も少ないとみられています。経営資源の面からみると，大企業に比較して不足しているのは明らかです。しかし，元気な中小企業が実際には多くあります。総じて，そのような中小企業にはすぐれた経営者がいます。この経営者という経営資源が発揮している「個人力」が，中小企業に不足している経営資源を補っています。

## 3　経営資源の配置

**ポーターの価値連鎖（バリュー・チェーン）モデル**　本節では，経営資源を分解してみる。そうすれば，経営資源が企業のどこにあるのかということがわかるようになる。

前章でも説明したポーターによる価値連鎖（バリュー・チェーン）モデルを再度，取り上げて考えてみよう。

彼は，企業が行うすべての活動とその相互関係を体系的に検討する方法こそが，競争優位の源泉を分析するために必要であるとして，このモデルを提示する。価値連鎖は，価値活動とマージン（総価値と価値活動の総コストとの差）からなり，価値活動を主要活動（プライマリー）と支援活動（サポート）の2つに分けている。主要活動は，前章の**図11-1**の下段にあるように，購買，製造，出荷，販売・マーケティング，サービスのように，5つの活動からなっている。

購買は，供給業者から製品の原材料を購入し，倉庫に保管し，生産ラインに配分する活動である。具体的には，在庫をコントロールしたり，輸送するための計画を立てたり，供給業者に不良品を返品するなどの活動も含んでいる。

製造は，原材料を最終製品の形に変換する活動である。たとえば，製品が正常に起動するかどうかをチェックするテストの作業をしたり，工場内における生産ラインの設備をメンテナンスしたりする活動を含んでいる。

出荷は，製品を集荷し，在庫を管理し，買い手に届けるまでの活動である。具体的には，買い手からの受注処理をしたり，出荷のための計画を立てたり，出荷のための荷造りをする活動を含んでいる。

販売・マーケティングは，買い手に製品を購入する手段を提供し，もしくは買い手に製品の購入を促す活動である。具体的には，どの流通チャネルに製品を流通させるのかという選択を行ったり，広告宣伝などの販売促進を行ったりする活動を含んでいる。

サービスは，製品の価値を高めたり，維持したりする活動である。具体的には，設備を備えつける工事を行ったり，ディーラーをサポートしたり，交換用の部品を供給したり，修理やメンテナンスを行う活動を含んでいる。

これら5つの活動は，どれも業界によって，それぞれ重みは異なるものの，企業の競争優位によって重要である。また，どの企業でも主要活動の違いが企業の競争優位につながっている。

主要活動を支える支援活動の意味　また，支援活動は，**図11-1**の上段にあるように，おおまかに，調達，技術開発，人的資源管理，全般管理（企業のインフラ），の4つに分類できる。

調達は，下段の購買と比較すると，より広範囲な活動になる。たとえば，新しい供給業者が安定的に原材料を供給できるかどうかの能力を調査するだけでなく，これまで供給業者が公正な取引をしているかどうかなど，企業それ自体を調査することも含んでいる。また，これまで企業の各部門でばらばらに購入してきたものを一括して購入するかどうかなどの検討も行う。

技術開発は，製品を開発するための基礎研究や製品設計のように，いわゆる研究開発（R＆D）だけでなく，さらに広範囲な社内情報に関するインフラの向上や受注システムの改善などの活動を含んでいる。前者は価値連鎖全体を支援し，後者は特定の主要活動や他の支援活動を支援する。

人事・労務管理は，従業員の採用，配置転換，そして昇級および給与体系から，社内および社外研修（ＯＪＴやOFF-JT）や従業員のメンタル・ケアの活動を含んでいる。たとえば，すぐれた給料体系を整えることによって，従業員を動機づけ，よりすぐれた人材を集めることができる。

全般管理は，企業全体の管理に関わる活動で，本社の経営，企画，財務，法務，経理などの活動の集合であり，企業のインフラとなる。これらの活動は，企業の価値連鎖全体を支援することになる。

ポーターは，このような価値連鎖モデルで，経営資源の配置を理解したうえで，まず，特定の業界で競争するために必要な価値連鎖はなになのかを特定しなければならないとする。そして，企業にとって得意な価値活動を見つけるべきであると指摘している。

さらに，ポーターは，このような個々の価値活動だけでなく，価値活動の連結関係にも注目すべきであると主張している。価値活動の連結関係は，企業内だけでなく，供給業者（売り手）のような川上から流通業者（買い手）のような川下までを含む，垂直的な関係でも価値活動の連結関係に注目すべきであると考えている。

以上のように，価値連鎖モデルを使って分析することによって，自社の経営資源の配置を明確に理解することができるだけでなく，経営資源を特定することができると考えている。

## 4　経営資源の評価

経営資源の分類と配置を理解することによって，ほとんどの経営資源を特定することができるだろう。しかしながら，この経営資源はいまだ玉石混淆（ぎょくせきこんこう）といわざるをえない。したがって，特定した経営資源を評価する必要性がある。経営資源を評価し，より価値の高い経営資源を保持し，さらに蓄積していくことが，企業の競争優位につながるからである。

ＳＷＯＴ分析　　企業の経営資源を評価するモデルとして代表的なものに，前章でも述べたＳＷＯＴ分析がある。ＳＷＯＴ分析は，企業の内部（経営資源）と企業の外部（前章で述べた環境）の両方の視点から，企業の競争優位を分析し，評価する。

企業の内部について，経営資源を強みと弱みに分類することによって，評価することができる。マイクロソフト社であれば，企業の強みはＯＳのウィンドウズということになるだろう。企業としては，どれだけ企業の強みを強化し，弱みを減らすことができるかが，競争優位のカギとなる。

環境分析となる企業の外部については，業界および市場の機会と脅威を把握することによって，評価することができる。企業としては，どれだけ機会をとらえ，脅威を無力化することができるかが，競争優位のカギとなる。

このＳＷＯＴ分析は，特定した経営資源を強みと弱み，そして機会と脅威に分類するだけでは十分ではない。さらに，前章の**表11-2**を簡略化した**図12-1**

図12-1　ＳＷＯＴ分析とその活用

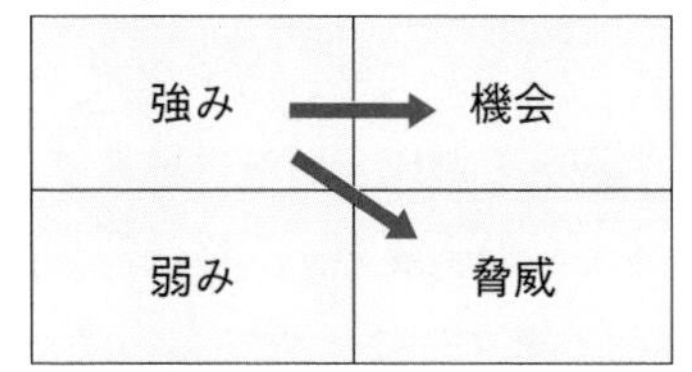


に示すように，たとえば，企業の強みを活かして，どのように業界や市場の機会をとらえ，脅威を無力化するかというように，ＳＷＯＴ分析を活用することによって，企業が競争優位を発揮するストーリーをつくり出すことができる。

ＶＲＩＯ分析　たしかにＳＷＯＴ分析では，企業にとって，どの経営資源が強みと弱みになり，業界や市場のどの要因が機会と脅威になるのか，ということを明確に教えてくれる。しかしながら，企業が強みと考えていることが本当に強みといえるかどうかという，十分な確証はない。単に強みがその企業の思い込みであっては意味がない。

そこで，バーニーは，このような経営資源の評価が単に企業の思い込みにならないように，前章でも言及したＶＲＩＯという基準によって経営資源の評価を判断すべきであると主張する。ＶＲＩＯのＶは経済的価値，Ｒは希少性，Ｉは模倣の困難性，Ｏは組織である。

（1）　経済的価値

ある経営資源が業界や市場において経済的に価値があるのかどうかということである。ある経営資源が今後，業界や市場の機会として十分収益の見込まれる経営資源であれば，企業の強みになる可能性が高い。またある経営資源が業界や市場の脅威を無力化できるほどの経営資源であるならば，十分に強みとして経済的価値がある可能性が高い。

（2）　希少性

ある業界における競争相手は，自社の持つ経営資源をすでにもっていないかどうかということである。自社の持つ経営資源を多くの企業がもっている場合ならば，その経営資源は強みとならず，少数の企業しか持っていないならば，その経営資源はその企業の強みになる。

（3） 模倣の困難性

他の企業が自社の経営資源をどれほど簡単に模倣できるかどうかということである。たとえある現時点で，経営資源が①経済的価値が高く，②希少性が高くても，簡単に他社に模倣されてしまうならば，その時点のみの強みであって，持続的な強みとはいえない。ほかの競争相手には簡単にまねされない，つまり，模倣をすることに多大なコストがかかるような経営資源かどうかということが本当の強みを判断する基準になる。

（4） 組　織

強みとなる経営資源を十分に活用できる組織の体制が，十分であるかどうかということである。具体的には，公式的な指揮命令系統や報酬体系などをあげることができる。

組織は，たとえば，模倣困難な経営資源などと組み合わされることによって，その力を発揮する。その意味では補完的なのであるが，もしある企業が他社とほぼ同様の経営資源を持っているならば，組織という補完的な資源と組み合わせられることによって，さらに優れた結果を生み出し，他社より優位な立場に立てる可能性がある。

以上のように，バーニーのＶＲＩＯという基準にしたがえば，経営資源の強みと弱みを適切に評価することができる。

## 5　経営資源の活用

前節のように，適切に経営資源を評価するならば，たとえ新たに経営資源を獲得したとしても，すでにある経営資源を十分に活用できる可能性が高い。なぜならば，適切に経営資源を評価しているならば，その企業の独自性を見失わずに，経営資源を活用できる可能性が高いからである。

経営資源をさらに活用しようとすれば，強みとなる経営資源をさらに強化するために自社で新たな経営資源を開発することも可能であるが，すべて自社で開発することには限界がある。そこで，他の企業の経営資源と相補的な関係を築きながら，自社の経営資源を活用することができる。

キャプロンとミッチェル（L. Capron and W. Mitchell）によれば，企業は一般的に，成長するために新たな経営資源が必要となった際，ただひとつの進路を拠りどころにすると指摘している。しかし，状況に応じて最適な経営資源を獲得できるかどうかが，成功のカギを握っていると主張し，最適に経営資源を活用する一手法を提示している。

**図12-2**は，かれらの議論にもとづき，まとめたものである（"Finding the Right Path." *Harvard Business Review*, July-August 2010,「最適な経営資源の獲得法」『ダイヤモンド・ハーバード・ビジネス』2010年11月号）。

• *One Point Lesson*

## 無形の経営資源

サンリオという会社を知っていますか。「キティちゃん」のキャラクターならば，知っている人は多いのではないかと思います。マライア・キャリーやレディー・ガガなど，世界中の多くのセレブたちがこのキャラクターを愛好しています。

サンリオはこれまで，1976年にアメリカへ進出して以来，国内と同様に海外でも，サンリオの直営店でキティちゃんグッズを販売することで収益を得てきました。しかし，グッズの販路は直営店に限られており，知名度はセレブの影響もあって抜群であっても，一部の人たちしか購入できませんでした。

そこで，その後，直営店での物販からライセンス契約に方針を転換し，これにより海外での売上高が上昇しました。このように，サンリオはライセンス契約という，無形の経営資源の利用によって収益を上げています。

このような無形の経営資源は，無形であればこそ，その価値を十分に理解しなければ，フルに活用することはできないのです。サンリオは，その典型的な事例になります。

図12-2　経営資源活用の一手法

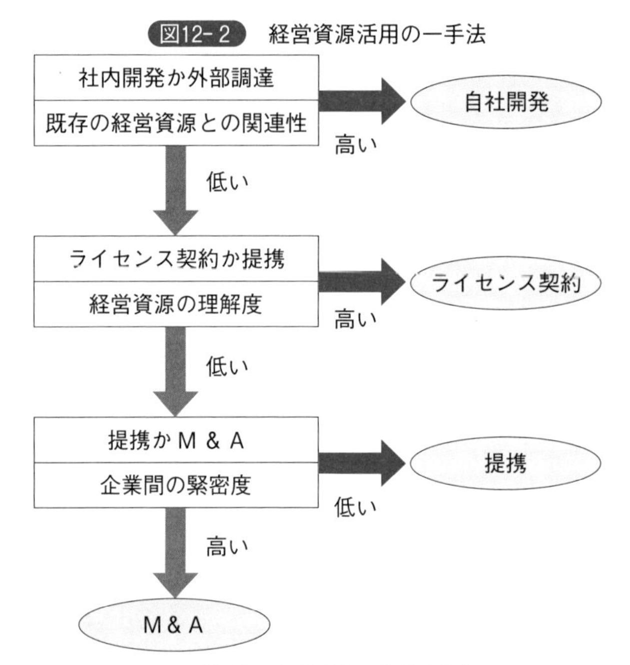


出所：キャプロン＝ミッチェル「最適な経営資源の獲得法」『ダイヤモンド・ハーバード・ビジネス』2010年11月号を参考に作成。

この議論は，まず，適切に経営資源を活用するために，自社開発か，それとも，外部調達かという選択からはじまる。ここで，すでにある経営資源を強化するために，獲得したい経営資源がすでにある経営資源との関連性が高いならば，自社で開発すべきである。もしすでにある経営資源との関連性が低いならば，外部で調達すべきである。

つぎに，新たに外部で経営資源を調達するとき，その経営資源の価値について両社とも理解をかなり共有しているならば，ライセンス契約をすべきである。もし新しい経営資源の価値について，獲得しようとする側の理解が乏しいならば，戦略的提携か，もしくはＭ＆Ａで，外部調達を検討すべきである。

最後に，新たに獲得する経営資源の相手先企業との間に，緊密な関係を必要としないならば，提携を選択すべきである。もし相手先企業との間に，緊密な関係が望まれるならば，M&Aを選択するべきである。このような手法を使って，企業はみずからの経営資源をより魅力あるものにすることができる。

## *Key Word*

**知識経営（ナレッジ・マネジメント）**：企業のなかには，技術上のノウハウのみならず，ありとあらゆるところに，さまざまな知識が埋め込まれている。しかしながら，このような知識は言葉や文章で表現可能なもの（形式知）ばかりではない。企業における知識のなかには，表現が難しく，経験した従業員たちのみが共有できるような知識（暗黙知）が存在する。

実際には，形式知と暗黙知をうまく変換しながら，企業の経営を行うことが必要である。このような論理を組み込むのが，野中郁次郎によって提唱された「SECI（セキ）モデル」に代表される知識経営論である。知識経営論では，新たなイノベーションを引き起こすためには，適切な経営資源の分析を行う以上のものが必要であると主張している。

**学習する組織（ラーニング・オーガニゼーション）**：企業のなかには，同じような法令違反の不祥事を一度しかおこさない企業もあれば，同じような法令違反をなんども繰り返す企業もある。この違いは企業が組織として学習しているかどうかの結果である。

また，企業のなかには，市場のイノベーション（技術革新）へ柔軟に対応できる企業もあれば，柔軟に対応できず市場から撤退してしまう企業もある。この違いも企業が組織として学習しているかどうかの結果である。

アージリスとショーン（Argyris & Schön）によれば，前者の不祥事の話と，後者のイノベーションの話は，異なる学習であると主張している。前者は，いったん決められた方針を規定どおりに行うこと（シングル・ループ学習）であり，後者の学習は，決められた方針をもう一度問い直し，新しく方針を決めること（ダブル・ループ学習）である。

**顧客の経験価値**：ディズニーランドのどこがいいのかを聞かれたとき，どのアトラクションに乗り，どのパレードを観て，どのグッズを購入したのかを語ることに，それほど意味はないのかもしれない。なぜならば，ディズニーランドという空間のなかで過ごした経験そのものが重要なのであり，それぞれの経験に分けることはその価値を半減させるからである。

ハーバード大学教授のシュミット（H. B. Schmitt）によれば，企業は顧客へ単純に製品やサービスを提供しているのではなく，顧客が製品やサービスを通じて経験する価値を提供しているととらえるべきであり，そして企業はそのような顧客の経験する価値を高めるように努力しなければならないと考えている。そして顧客と製品や企業との関係全体を戦略的にマネジメントするプロセスの重要性を唱えている。

## Let's Try

### 問題 1

パソコン業界におけるデルのように，一見すると非常に魅力の乏しい業界にあえて参入し，業界内で十分な収益をあげ，成功を収めている企業を３つほど列挙して下さい。

### 問題 2

ある業界の魅力度を分析し，その業界におけるポジショニングを考察することは，企業の売上にどの程度影響すると考えるか。影響すると考えるか，それとも影響しないと考えるかを選択したうえで，その理由を述べて下さい。

### 問題 3

ソニーと任天堂はどちらもテレビゲーム機のメーカーである。しかしながら，両社の経営資源が異なっている。両社の経営資源には，どのような違いがあるだろうか。その違いを述べて下さい。

### 問題 4

経営資源が不足している場合，それを補うための方法にはどのようなものがあるかを検討してみて下さい。

### 問題 5

「プラットフォーマー」を事例にして経営資源の分析を行ってみて下さい。

## ■学習用図書――さらに学習と研究をすすめるために

大学などの図書館に行くと，経営学に関する本がたくさんあります。よくみて自分にあったものを選んで学習して下さい。最初からむずかしいものを読んでも理解することはできません。そして，先生などに相談してみることも大切です。

編著者の1990年以降の入門教科書は主なものは以下です。

① 齊藤毅憲・幸田浩文編『女性のための経営学』，中央経済社，1993年
② 齊藤毅憲編『経営学ゼミナール』，日本実業出版社，1993年
③ 齊藤毅憲編『新次元の経営学』，文眞堂，1994年
④ 齊藤毅憲編『経営学エッセンシャルズ』，中央経済社，1995年
⑤ 齊藤毅憲編『革新する経営学』，同文舘，1995年
⑥ 齊藤毅憲監修・関東学院大学経済学部経営学科編『経営学がおもしろい』，関東学院大学出版会，2010年
⑦ 齊藤毅憲編『新・経営学の構図』，学文社，2011年（初版2003年）
⑧ 小倉行雄・齊藤毅憲編『経営学入門』，放送大学教育振興会，2012年
⑨ 齊藤毅憲・渡辺峻編『個人の自立と成長のための経営学入門』，文眞堂，2016年
⑩ 齊藤毅憲・渡辺峻編『自分で企業をつくり，育てるための経営学入門』，文眞堂，2017年
⑪ 齊藤毅憲・渡辺峻編『農山漁村地域で働き，生きるための経営学入門』，文眞堂，2018年
⑫ 片岡信之・齊藤毅憲・佐々木恒男・高橋由明・渡辺峻著『はじめて学ぶ人のための経営学入門』（バージョン２），文眞堂，2018年（初版2008年）
⑬ 片岡信之・齊藤毅憲・佐々木恒男・高橋由明・渡辺峻著『はじめて学ぶ人のための経営学』（バージョン３），文眞堂，2015年（初版2000年）

# ■索　引

## さ行

## た行

## な行



## は行

## ま行



## や行



## ら行



## わ行

〈編著者・執筆者紹介・執筆分担〉

齊藤毅憲（さいとう　たけのり）・第1・2・3・4・5・6章
および全体の編集
横浜市立大学名誉教授，永続的企業成長ネットワーク理事
主要著書『上野陽一 ――人と業績』（産能大学，1983年）
『経営管理論の基礎（増補版）』（同文舘出版，1987年）
『女性のための経営学』（共編著，中央経済社，1993年）
『経営学エッセンシャルズ』（中央経済社，1995年）
『はじめて学ぶ人のための経営学』（共著，文眞堂，2000年）
『グローバル時代の企業と社会』（編著，ミネルヴァ書房，2002年）
『アドバンスト経営学』（共編著，中央経済社，2010年）など

宇田美江（うだ　みえ）・第7章
青山学院大学コミュニティ人間科学部准教授

中村公一（なかむら　こういち）・第8章
駒澤大学経営学部教授

飯嶋好彦（いいじま　よしひこ）・第9・11章
東洋大学国際観光学部教授

木村有里（きむら　ゆり）・第10章
中央大学国際経営学部教授

吉成　亮（よしなり　あきら）・第12章
愛知工業大学経営学部教授

経営学を楽しく学ぶ Ver. 4

1990年5月21日　第1版第1刷発行
2001年4月10日　第1版第72刷発行
2002年6月10日　第2版（New Version）第1刷発行
2010年4月20日　第2版（New Version）第21刷発行
2012年3月20日　第3版（Ver.3）第1刷発行
2019年11月10日　第3版（Ver.3）第17刷発行
2020年4月20日　第4版（Ver.4）第1刷発行
2023年11月20日　第4版（Ver.4）第31刷発行

編著者　齊藤毅憲
発行者　山本継
発行所　㈱中央経済社
発売元　㈱中央経済グループパブリッシング

〒101-0051　東京都千代田区神田神保町1-35
電話　03(3293)3371(編集代表)
03(3293)3381(営業代表)
https://www.chuokeizai.co.jp

印刷／文唱堂印刷㈱
製本／誠製本㈱

※頁の「欠落」や「順序違い」などがありましたらお取り替えいたしますので発売元までご送付ください。（送料小社負担）

ISBN978-4-502-33781-9　C3334